Kartoffel

HAUSGEMACHT

avBUCH

Hans-Peter Rossmanith

Kartoffel

REZEPTE ZUM VERLIEBEN

Mit Rezepten von Hans-Peter Rossmanith
und Ingrid Meindl

Mit Fotos von Petra Schmidt

avBUCH

INHALT

Vorwort

Die Kartoffel erobert die Welt

Die Kartoffel als Nahrungsmittel

Kartoffel und Kultur

Rezepte

Anhang

VORWORT

Die Kartoffel ist eine der ältesten Kulturpflanzen der Menschheit und hat ihren Ursprung in Peru, Ecuador und Chile. Archäologische Untersuchungen haben ergeben, dass bereits vor 15.000 Jahren Wildkartoffeln Einzug in den kulinarischen Speiseplan der mittel- und südamerikanischen Völker gehalten haben. Wer denkt schon daran, dass es beinahe zwei Jahrhunderte dauerte, bis sich die Europäer an den Verzehr der Speisekartoffel gewöhnt hatten, wenn man heute als „Couch Potato" vor dem Fernseher sitzend zur Kartoffelpüree-Reklame Pommes Chips knabbert?

In Europa war die Kartoffel vorerst unbekannt. Pizarro stieß im Jahre 1532 bei der Eroberung des Inkareiches in den Hochtälern Perus zum ersten Mal auf die Kartoffel, die Nationalspeise der Inkas, die daraus eine Art Trockenprodukt herstellten, welches – fast wie das heutige Kartoffelpulver – jederzeit durch Zugabe von Wasser wieder in den ‚Kartoffelzustand' überführt werden konnte.

Die Kartoffel wurde um 1570 nach Spanien gebracht und war am Ende des 16. Jahrhunderts auch in den deutschen Ländern, im österreichischen Habsburgerreich und in der Schweiz bekannt. Ihr Anbau beschränkte sich anfangs nur auf so genannte Kräuter- und Apothekergärten. Es dauerte eine geraume Zeit, bis man herausfand, dass nicht der oberirdische giftige Fruchtstand der wichtigste Teil der Kartoffelpflanze ist, sondern sich der wahre Schatz in Knollenform unter der Erde verbirgt.

Nahrungsmittel haben eine interessante Geschichte und sie selbst schreiben Geschichte. Die Kartoffel veränderte grundlegend die Ernährungsgewohnheiten von Millionen von Menschen in der Alten Welt, in Asien und Afrika, und heute ist sie aus unserem Leben nicht mehr wegzudenken. In unseren Tagen gelten Bratkartoffeln als köstliches Gericht in allen Regionen Österreichs und Europas und die Modetrends der jungen „wilden" Küche machen Kartoffelgerichte zu einzigartigen kulinarischen Köstlichkeiten, die fast jedem Gourmet das Wasser im Mund zusammenlaufen lassen.

Dieses Buch wendet sich an Liebhaber der alten und neuen Kartoffelsorten und ihrer Produkte und ist gleichzeitig ein amüsanter kulturgeschichtlicher Begleiter. Der Hauptteil des Buches birgt eine exquisite Sammlung von köstlichen – leicht nachkochbaren – Kartoffelrezepten.

H.-P. Rossmanith
Wien, August 2006

DIE GOLDENE
FRUCHT
DER ANDEN

Zugfahrt auf dem Altoplano von Cuzco nach Puno.

Als der Genuese Christoph Kolumbus 1492 dank der finanziellen Unterstützung der katholischen Könige Alfons von Aragon und Isabella von Kastilien seine abenteuerliche Reise auf der Suche nach einem Westweg nach Indien, Japan und China endlich realisieren konnte und seine drei kleinen Schiffe Santa Maria, Niña und Pinta mit 88 Mann Besatzung die Anker lichteten, konnte er nicht ahnen, dass er anstelle des sagenumwobenen Goldlandes Zipangu und Gewürze einen neuen Kontinent entdecken würde. Das wahre Gold der Neuen Welt lag jedoch in den zahlreichen neuen Pflanzen und Früchten, mit denen die Eroberer in Berührung kamen. Besonders zwei Pflanzen erwiesen sich von allergrößter Bedeutung: der Mais und die Kartoffel, denn sie wurden zu jenen Nutzpflanzen aus der Neuen Welt, die sich sehr rasch in Europa durchsetzten und zu einem wichtigen Bestandteil der Ernährung der Europäer wurden.

Die historische Forschung lehrt uns, dass Kolumbus zwar den Mais und die Süßkartoffel – nicht aber die eigentliche Kartoffel – auf der karibischen Insel Hispaniola, dem heutigen Haiti, kennen lernte und selbst vermutlich 1493 nach Spanien zurückbrachte. Da die Wiege der Kartoffel sich im Hochland der Anden befand, kamen die spanischen Eroberer mit der Kartoffel erst nach 1533 in Berührung – auf ihren auf der Suche nach Gold ausgerichteten Eroberungszügen im Reich der Inka. Die Kartoffel war das wichtigste Grundnahrungsmittel im gesamten Inkareich, das sich über mehrere tausend Kilometer Länge erstreckte und straff organisiert war. Die hierarchische Struktur der Inka mit Cuzco als Hauptstadt wirkte für dreihundert Jahre als integrative Kraft in den Anden.

Jesuitenkirche in Cuzco.

Die erste Begegnung

Der erste schriftliche Bericht über die Begegnung der spanischen Eroberer mit der Kartoffel stammt aus dem Jahre 1537. Bei einem Überfall auf das Inkadorf Sorocotá fanden Pizarros Soldaten auf der Suche nach Beute anstelle von Gold und Edelsteinen in den Häusern nichts als Mais, Bohnen und *truffles*. Mit Letzterem sind die Kartoffeln gemeint. Der Jesuitenpater José de Acosta berichtet in seinem in Sevilla im Jahre 1590 zum ersten Mal gedruckten Werk über die Geschichte von Amerika:

„Die Indianer verwenden andere Wurzelarten, die sie Papa nennen ... sie nehmen diese Papas und lassen sie an der Sonne trocknen und brechen sie dann für die weitere Verwendung zu, was sie chuño nennen, das hält sie mehrere Tage frisch und dient ihnen als Brot, im ganzen Königreich wird für die Verwendung im Bergwerk in Potosí gesammelt..."

Unser Wissen über die Ankunft und den Charakter der ersten Kartoffeln in Westeuropa basiert auf den Kräuterbüchern der Zeit, die als Nachschlagewerk für die Identifizierung der entsprechenden Heil- und sonstigen Pflanzen und Kräuter dienten. In seinem Buch *The Herball* schrieb Gerard über die Kartoffel"... Die Indianer nennen diese Pflanze Papus (das heißt die Wurzel) ..." und berichtet, dass die Kartoffel durch Sir Francis Drake auf seiner Weltumsegelung (1577–1580) aus dem chilenischen Chiloé als Proviant für seine hungernden Virginier an Bord nach England gebracht wurde. Damit wurde Virginia zum Ursprungsland der Kartoffel in England.

Wie die Kartoffel zu ihrem Namen kam

Die ersten Spanier benutzten für die Kartoffel den Namen *batate* oder die von den Indianern des Amazonasgebietes verwendete indigene Bezeichnung *papa*. Dieser Name fand zwar Eingang in die Kräuterbücher des 16. bis 18. Jahrhunderts, doch verhinderte die katholische Kirche die Verwendung des Wortes *papa* für die erdbezogene indianische Frucht in den europäischen Sprachen und damit die Gleichsetzung der hässlichen Erdknolle mit dem Papst. *El Papa* blieb für den Papst reserviert.

Um das Jahr 1584 waren die Trüffel in Italien unter dem Namen *tartufi* und *tartufoli* bekannt, die Kartoffel als *tartuffo* und *tartuffolo*. Das Wort tartufflo wurde vom Franzosen Oliver de Serres in seinem im Jahre 1600 publizierten Werk *Théâtre d'Agriculture* bereits zu *Cartoufle* korrumpiert, das sich während des 18. Jahrhunderts in das deutsche Wort „Kartoffel" verwandelte.

Da die Tschechen und Polen die Kartoffel von den Brandenburgern übernahmen, bildete sich aus dem Wort *Bramburk* (= Brandenburg) das Wort *Brambor*, das „Preußen" bedeutete. Davon leiteten sich dann in der Folge das sudetendeutsche *Bramburi* und das rumänische *Bandraburca* ab, Letzteres wurde vermutlich durch die Siebenbürger Deutschen in Altösterreich verbreitet.

Erzbischöfliches Palais in der peruanischen Hauptstadt Lima.

Die Kartoffel bei den Inka

Alle heutigen Kartoffelsorten der Art *Solanum tuberosum* stammen von Mutationen alkaloidfreier Wildformen der Kartoffelpflanze ab. Die konsequente Weiterzüchtung und Kultivierung durch die Ureinwohner des Hochlandes in den Anden ließ hunderte Sorten wachsen. Da sie den Pflug nicht kannten, verwendeten die Inkabauern einen Grabstock (taclla), der mit Wucht tief in den Boden gestoßen wurde.

Das Inkajahr begann zur Wintersonnenwende im Dezember, zur Zeit des höchsten Sonnenstandes, mit Prozessionen zu den Heiligtümern des Sonnengottes und der Mondgöttin. Im Jänner wurden die Kartoffeln gepflanzt, allerdings nur von Frauen, denn man glaubte, dass dadurch die Ernte reichhaltiger ausfallen würde. Während die Männer die Erde mit den Grabstöcken aufbrachen und Furchen zogen, legten die Frauen die Pflanzkartoffeln in die Erde. In den folgenden Monaten wurden die Felder gepflegt und nach den ersten Regenfällen im Februar war die Zeit des Keimens der Saat gekommen. Im März grünten alle Felder und im April konnten die ersten Kartoffeln geerntet werden. Im Juli fand das große Erntefest statt. Dann wurden alle Bewässerungs-

Inkahäuser und Gebäude in Machu Picchu (Peru), der von den Spaniern nie entdeckten Inkafestung. Die Festung wurde vom amerikanischen Forscher Hiram Bingham 1911 erforscht.

Flug über die Anden nach Cuzco, der ehemaligen Hauptstadt des Inkareiches.

gräben und Felder gereinigt, denn im September erfolgte die Aussaat des Mais, die von den Inka mit einem symbolischen Spatenstich eingeleitet wurde. Zur Dezember-Sonnenwende wurden Feste veranstaltet und den Göttern Gold-, Silber- und Tieropfer dargebracht. Die Indianer kannten bereits eine Unzahl von Kartoffelgerichten, die vom einfachen Kochen der Kartoffeln und deren Verzehr in der weich gekochten Form bis zur gebratenen Form (z. B. Fladen) reichten.

DIE KARTOFFEL EROBERT DIE WELT

Die Kartoffel eroberte die ganze Welt in Windeseile.

Die neuen amerikanischen Pflanzen und Früchte, vor allem die Kartoffel und der Mais, enthielten mehr Nährwert als jene der Alten Welt. Der Anbau dieser Nahrungsmittel ermöglichte die Entwicklung regionaler und nationaler Küchen in einem noch nie gekannten Ausmaß. Mit den ersten Kartoffeln, die an den spanischen Hof kamen, wurden in der Nähe von Sevilla 1573 die ersten Kartoffelpflanzungen angelegt, um die Patienten in einem sevillanischen Spital zu verköstigen.

Bäuerliche Landschaft im österreichisch-bayerischen Alpenraum.

Rund um den Globus

Der spanische Habsburgerkönig Philipp II. (1527–1598), der Sohn des berühmten Kaisers Karl V. (Karl I. von Spanien), erhielt eine Kiste mit indianischen Produkten, in welcher sich auch einige Kartoffelknollen befanden. Philipp II. zweigte höchstpersönlich ein paar der Knollen der Cuzco-Kartoffeln ab und überreichte 1565 – vielleicht angeregt durch die Ähnlichkeit der Namen *papa* und *Papa* – Papst Pius IV. in Rom die ersten Kartoffelpflanzen als königliches Geschenk, um dessen Genesung zu beschleunigen. Der Papst schickte einen Teil der geschenkten Früchte an einen ebenfalls kränkelnden und mit ihm befreundeten Kardinal in den Niederlanden und dieser wiederum teilte sein Geschenk mit dem Gouverneur von Mons, Philippe de Sevry. Das war der Einzug der Kartoffel in Belgien. Der Gouverneur war sofort interessiert und muss die Kartoffelpflanzen in seinem Garten vermehrt haben, denn er schenkte 1588 einige der Knollen dem französischen Botaniker Charles de l'Ecluse, der sich Carolus Clusius (1526–1609) nannte und der Intendant der Gärten des Kaisers Maximilian I. in Wien war, also die Position eines Direktors des botanischen Gartens in Wien innehatte. Clusius allerdings aß die Kartoffeln nicht, sondern pflanzte sie zum Zwecke der Vermehrung an.

Der Weg in die Kochtöpfe führte allerdings erst einmal über die Ziergärten der europäischen Höfe, denn Kartoffelpflanzen wurden ihrer Blüte wegen in den Privatgärten des Adels als botanische Kuriosität sehr geschätzt. Die Kartoffelpflanze wurde also als Zier- und Gartenpflanze angebaut, gehegt, gepflegt und ihrer schönen Blüten wegen bewundert.

Die List des Alten Fritz

Der preußische König Friedrich II., der Große (1712–1786), erkannte, dass die neue Frucht ein entscheidendes Mittel zur Abhilfe gegen die ständig wiederkehrenden Hungersnöte war und startete die erste preußische Kartoffeloffensive. Dieser blieb der gewünschte Erfolg allerdings versagt, denn der alte Spruch „Was der Bauer nicht kennt, frisst er nicht!" kommt nicht von ungefähr.

Es brauchte also vieles an Aufklärungsarbeit, Überredung und sanfte Gewalt als Druckmittel, um den Widerstand der bäuerlichen Bevölkerung gegen die Kartoffel und ihre Kultivierung zu überwinden. Im Jahre 1744/45 ließ er die Kartoffel in einer großen Kampagne in ganz Preußen kostenlos verteilen und nötigte die Bauern, diese anzupflanzen.

Doch die Erfahrung lehrt des Öfteren, dass das, was mit Gewalt und Befehl nicht zu erreichen ist, mit etwas Schlauheit kampflos erreichbar ist. Die Legende berichtet, dass König Friedrich II. zu einer List griff, um die Bauern von der Nützlichkeit des Kartoffelanbaus zu überzeugen. Ein Beamter des Königs soll die Verbreitung der Kartoffel gefördert haben, indem er die Kartoffelfelder während des Tages von Gendarmen und preußischen Truppen bewachen ließ, um den Bauern ihren Wert zu zeigen. Die bewachten Felder erregten natürlich das Interesse und erhöhten die Aufmerksamkeit der bäuerlichen Bevölkerung, die sich dachte, etwas so schwer Bewachtes, das zudem auf den königlichen Feldern wuchs, müsse etwas Wichtiges sein. Eines Nachts stellte man die Bewacher bewusst dienstfrei und, genau wie der König gehofft hatte, schlichen sich die Bauern auf das unbewachte Feld und trugen

die Kartoffeln korbweise heim, um sie dann in ihren eigenen Gärten und Feldern anzupflanzen. Dieser – behördlicherseits gewünschte und geforderte – Diebstahl der Kartoffelknollen erwies sich als Erfolg. Die Kartoffel wurde Grundnahrungsmittel.

Graf Rumford und die Bayern

In Bayern verhalf der Amerikaner Benjamin Thompson, der spätere Reichsgraf Rumford (1753 – 1814), der Kartoffel zum Erfolg, indem er Militärgärten anlegen ließ, auf denen die Soldaten Kartoffeln pflanzen mussten. Aus einem dieser Militärgärten entstand der spätere „Englische Garten" in München. Graf Rumford war ein Universalgenie und brachte es bis zum Kriegsminister und Innenminister des Kurfürsten von Bayern. Er beschäftigte sich im Rahmen seiner Studien zur Ernährungslehre mit der Kartoffel und fand heraus, dass sie die ideale Nahrungsquelle für große Bevölkerungsgruppen darstellte, da sie leicht anzupflanzen, zu ernten, widerstandsfähiger gegenüber schlechter Witterung als Getreide war und auf allen Böden in Bayern wuchs.

Zur Bekämpfung des weit verbreiteten Bettlerunwesens erfand Graf Rumford als Armenspeisung die so genannte Rumfordsuppe, deren Hauptbestandteil – wie nicht anders zu erwarten – Kartoffeln sind. Damit die Kartoffeln in der Suppe nicht mehr zu erkennen waren, wurde die Suppe fünf bis sieben Stunden gekocht, bis das Ganze ein dicker Brei war. In München allein erhielten mehr als tausend Menschen täglich Rumfordsuppe. Dies war – ganz ohne Sozialhilfe – aktive Unterstützung der Armen. Und der Graf hatte auch etwas davon – seinen Titel verdankt er der Suppe.

Doch kulinarisch etwas aufgebessert, hielten die Arme-Leute-Suppen mit und ohne Kartoffeleinlage bald Einzug in die reiche Küche. Mit Fleischeinlage wurde die Rumfordsuppe im 19. Jahrhundert in die gutbürgerlichen Kochbücher aufgenommen und rückte mit viel Lammfleisch, Huhn und Würsten garniert in die Liga der feinen Gerichte auf. Ein Beispiel für einen zu hohen Würden gekommenen Arme-Leute-Eintopf ist die Bouillabaisse, ein ursprünglich von den Fischern sorglos zusammengekochter Fischeintopf aus den Fischen, die für den allgemeinen Verkauf zu klein und zu grätig waren. Ähnliches gilt für den Hering, der längst auch von der so genannten guten Gesellschaft als Delikatesse geschätzt wird.

Der Kartoffelkrieg

Der bayerische Erbfolgekrieg (1778–1779) zwischen Friedrich II. auf preußischer Seite und Maria Theresia auf österreichischer Seite artete zu einem wahren Kartoffelkrieg aus. Da keine der beiden Armeen einen entscheidenden Schlachtensieg erringen konnte, marschierte Friedrich II. in Böhmen ein und stand der starken kaiserlichen Armee in der Nähe von Königgrätz gegenüber.

Da sich bald darauf kaltes Wetter einstellte, die Vorräte zur Neige gingen und der Nachschub nicht ordnungsgemäß funktionierte, konzentrierten sich die verfeindeten Soldaten darauf, sich gegenseitig ihrer Verpflegung zu berauben und sich damit den Sieg durch Aushungern des Feindes zu sichern. Dabei gruben sie auf den Feldern sämtliche Kartoffeln und Früchte aus. Letztendlich musste Friedrich II. einsehen, dass dieser Feldzug wenig ruhmreich für ihn ausging und räumte Böhmen.

Schloss Schönbrunn, die Sommerresidenz der Habsburger in Wien.

Die Kathedrale Notre Dame in Paris.

Die Kartoffel in Frankreich

Trotz der anfänglichen totalen Ablehnung der Kartoffel unter den französischen Bauern gewann die Kartoffel im 17. Jahrhundert durch die Arbeiten des französischen Pharmakologen, Militärchemikers, Botanikers und Armeeapothekers Antoine Auguste Parmentier (1717–1813) ständig an Ansehen und wurde langsam akzeptiert. Parmentier wurde zu Beginn des Siebenjährigen Krieges als Kriegsgefangener für fünf Jahre in ein deutsches Gefängnis in Hannover gesteckt und verdankte sein Überleben den Kartoffeln, die er im Rahmen seiner Gefängniskost erhielt. Er erkannte das große Nährwertpotenzial der Kartoffelknolle und arbeitete daran, die Kartoffel in seiner Heimat nicht nur hoffähig, sondern auch der allgemeinen Bevölkerung zugänglich zu machen.

Die Kartoffel gewann langsam und zuerst in der Dauphiné an Boden, wo sich die Bedeutung der Kartoffel in der traditionellen französischen Küche heute noch durch die in einer Muschelschale überbackenen Kartoffeln, die *gratin dauphinois*, manifestiert. War sie doch oft die einzige Feldfrucht, die die Weizenfelder und Weingärten plündernden und marodierenden Soldaten verschonten – weil sie unterhalb der Erdoberfläche wuchs.

Parmentier präsentierte 1785 dem französischen König Ludwig XVI. (1754–1793) das Kartoffelgericht *bouille* – und erhielt beipflichtende Anerkennung.

Es gelang ihm also, den König von der Bedeutung der Kartoffel zu überzeugen. Parmentiers größte Stunde kam, als es sich der König zur Gewohnheit machte, eine Kartoffelblüte ins Knopfloch zu stecken. Und als Königin Marie Antoinette (1755–1793), Tochter der österreichischen Kaisergattin Maria Theresia und Gattin von Ludwig XVI., begann, sich die violettfarbenen Blüten der Kartoffelpflanze in ihre gelockten Haare zu binden, da folgten alle Hofdamen und sonstigen Damen der Gesellschaft, die etwas auf sich hielten, diesem neuen Modetrend. Und war einmal der König gewonnen, so folgte sogleich der Adel durch Nachahmung und auch die allgemeine Bevölkerung begann, sich für die Kartoffel zu interessieren. Man wollte ja zumindest an etwas teilhaben, was auch der König für gut hielt und gern verspeiste. Der Abscheu und Widerstand der Bauern und der allgemeinen Bevölkerung der Kartoffel gegenüber waren plötzlich überwunden.

Der König überließ Parmentier eine riesige nutzlose Fläche außerhalb von Paris für den Anbau von Kartoffeln. Und es war König Ludwig XVI., welcher der Kartoffel ihren französischen Namen *pomme de terre*, also Erdapfel, gab.

Parmentier war einer der größten Förderer der Verbreitung der Kartoffel in allen Gesellschaftsschichten. Er lud auch distinguierte Damen und Herren der feinen und erhabenen Gesellschaft zum Dinner und servierte ihnen zwanzig vorzügliche Kartoffelgerichte, damit das Befremdliche der Kartoffel sich lösen konnte. Einer dieser Gäste war der damalige Gesandte, spätere amerikanische Präsident und Erfinder Benjamin Franklin.

Parmentier wurde mit einer Medaille von Ludwig XVI. geehrt, was ihm im Umgang mit den Revolutionären einige Schwierigkeiten bereitete, doch er überlebte die Erste Republik. Nicht nur das, die Nahrungsmittelkommission verteilte sein Pamphlet und Kochbuch mit dem Titel *La cuisinière républicaire* (Der Republikanische Koch), welches der Bevölkerung zwanzig Kartoffelrezepte anbot. Die französischen Köche widmeten sich früh und intensiv der kulina-

Gotisches Glasfenster in der St. Chapelle in Paris.

rischen Vielfalt dieser Knolle. André Viards Kochbuch *Le cuisinière impérial* (Die kaiserliche Kochkunst) aus dem Jahre 1837 bot zwar eine bescheidene Auswahl an Kartoffelrezepten, aber der Boden war bereitet.

Während der napoleonischen Ära nahm der Kartoffelanbau in Frankreich um das Fünfzehnfache (!) zu. Der Name Parmentier lebt noch heute in einigen Kartoffelrezepten weiter. *Pommes Parmentier* sind in Würfel geschnittene und gebratene Kartoffeln. Und die *Potage Parmentier* ist eine Kartoffel-Rahmsuppe. Berühmt sind auch die *Crêpes Parmentier* – sie werden mit Spargel serviert. Hätte Marie-Antoinette ausgerufen „Lasst sie Pommes de terre essen!", hätte die französische Bevölkerung volle Mägen gehabt und die Bastille wäre nicht geschleift worden.

Zurück nach Amerika

In Nordamerika kam die Kartoffel auf dem Umweg über die Britischen Inseln etwa 50 Jahre später als in Europa an. Sie wurde von den Einwanderern um 1613 zuerst auf die Bermudas und die Bahamas mitgebracht, von wo der britische Gouverneur um 1621 einen Karton voll mit Kartoffeln dem Gouverneur von Virginia zum Geschenk machte. Mehrere US-Bundesstaaten ringen um die Priorität der ersten Kartoffelpflanzung. Das erste, geschichtlich gesicherte Datum einer Kartoffelernte geht auf William Penn im Jahr 1685 zurück: Eine Liste enthält den Namen *Irish Potato*.

Der zweite Präsident der damals jungen Vereinigten Staaten, John Adams, beleidigte die Kartoffel in gedruckter Form, indem er in einem Brief seiner Abneigung gegen die Kartoffel Ausdruck verlieh. Der Gründerpräsident George Washington jedoch hatte die Kartoffel auf seiner Farm in Mt. Vernon angepflanzt und auch der dritte Präsident, Thomas Jefferson, der Vater der Unabhängigkeitserklärung, hatte sie auf der Liste seiner in Virginia produzierten Agrarprodukte. Ihm verdanken die Amerikaner auch die Bekanntschaft mit den Pommes frites, Jefferson hatte diese in Europa kennen gelernt.

Mit der Rückkehr von Benjamin Franklin aus Paris in die unabhängigen Vereinigten Staaten von Amerika begann die Liebesaffäre seines Heimatlandes mit der Kartoffel. Und als Präsident Thomas Jefferson die Kartoffel salonfähig machte, indem er sie im Weißen Haus zum Diner servieren ließ, war der Siegeszug der Kartoffel in den USA nicht mehr aufzuhalten.

Amelia Simmons – sie bezeichnete sich selbst als Waise und war wohl Analphabetin – publizierte 1796 das vermutlich erste amerikanische Kochbuch *American Cookery*, in welchem der Kartoffel der erste Platz unter den Gemüsen eingeräumt wurde. Die Amerikaner fanden nichts dabei, dieselben Früchte und Gemüse wie ihre Tiere zu essen, wenn auch die Zubereitungsarten sich in Bezug auf Einfallsreichtum und Form der Aufwartung etwas unterschieden. Die Kartoffel wurde im Wesentlichen von der spießigen und prüden Gesellschaftsschicht abgelehnt. Englische Besucher in den Vereinigten Staaten berichteten häufig über die groben und unkultivierten Umgangsformen der Amerikaner besonders bei Tisch, beklagten sich über die gierige und gefräßige Geschwindigkeit und Eile, mit der die Amerikaner das Essen hinunterwürgten und die erschreckende und grobe Art, wie sie mit dem Messer bei Tisch umgingen.

Idaho – der Kartoffelstaat

Obwohl die Kartoffel im 19. Jahrhundert in allen Bundesstaaten der USA erfolgreich angebaut wurde, identifizierte sich doch kein Staat derart mit der Kartoffel wie Idaho. Nach anfänglichen Misserfolgen kam die Kartoffelindustrie in Idaho erst in Schwung, als der irisch-amerikanische Gartenbauer Luther Burbank (1849 – 1926) die Russet-Burbank-Kartoffelsorte in Irland entwickelte. Burbank verbesserte die irische Kartoffel und züchtete eine Hybridform der Kartoffel, die wesentlich krankheitsresistenter war. Burbank verkaufte sein Patent und die Rechte für die Burbank-Kartoffel um 150 Dollar, die er anschließend für die Überfahrt nach Santa Rosa in Kalifornien benötigte. Dort gründete er eine Baumschule und einen Pflanzengarten sowie eine experimentelle Farm, die weltweiten Ruhm erwarb. Bis zum Jahr 1900 hatte sich die Russet-Burbank-Kartoffel ganz Idahos bemächtigt.

Irland und seine Kartoffelhungersnot

Der Wert der Kartoffel als Nahrungsmittel wurde zuerst in Irland erkannt, kaum ein Land in Europa ist mit der Kartoffel so verknüpft wie Irland. Auch liefert kein Land ein dramatischeres Beispiel für das Potenzial der Kartoffel, vorhandene Populationsmuster zu verändern. Einer der Gründe für die Popularität der Kartoffel in Irland war ihre Zuverlässigkeit als Grundnahrungsmittel in Krisenzeiten. Man lernte, dass die Kartoffel wertvolle Inhaltsstoffe besitzt und vielfältige Zubereitungsformen zulässt, die eine gesunde und vollwertige Ernährung mit Kartoffeln ermöglicht.

Die Kartoffel wurde so populär, dass sie innerhalb kurzer Zeit zum Nationalnahrungsmittel avancierte und den Namen *Irish Potato* erhielt, um sie von der Süßkartoffel unterscheiden zu können. Obwohl englische Kochbücher der Zeit die Kartoffel als irische Spezialität führten, war für die Iren die Kartoffel doch manchmal das einzige Nahrungsmittel zum Überleben. Ein Sprichwort in Irland besagt, „die Sauce des armen Mannes ist eine kleine Kartoffel, die man zu einer größeren dazu isst."

Ein Hauptproblem des irischen Kartoffelanbaues war die Monokultur, d. h., der Anbau einer einzigen Kartoffelsorte, der so genannten „Lumper". Forscher warnten vor der gefährlichen Abhängigkeit von nur einer Kartoffelsorte und erklärten, dass jeder größere Kartoffelernteausfall zu einer gewaltigen Hungersnot führen werde. Doch alle diese Warnungen wurden in den Wind geschlagen – und die Folgen dieser überhand nehmenden Monokultur blieben denn auch nicht aus. Im Jahre 1845 befiel ein Pilz, die Kartoffelfäule *(Phytophthora infestans)*, die Kartoffelmonokultur und vernichtete die Ernten für mehrere Jahre. Die gesamte irische Nation war auf dem Weg in ein riesiges Hungerfiasko, das mehr als eine Million Todesopfer forderte. Die Große Hungersnot (Great Famine) dauerte bis zum Jahr 1849. Sie trat in Irland nicht allein deshalb auf, weil die gesamte Kartoffelernte für mehrere Jahre ausfiel, sondern weil die (englischen) Gutsbesitzer – völlig unbeeindruckt von den Folgen der katastrophalen

Farbiges Bouquet von Kartoffeln aus aller Welt.

Kartoffelmissernte auf ihre Abgaben und Zahlungen pochten. Viele Iren flohen vor dem Elend, fast 1,5 Millionen suchten ihr Heil in der Auswanderung. Die entsetzlichen Zustände auf den Auswandererschiffen forderten weiteren Tribut.

So hatte die Hungersnot zu einem dramatischen Aderlass in der Bevölkerung geführt. Und es gab Spätfolgen. Viele alte Traditionen gerieten in Vergessenheit, auch die gälische Sprache verstummte fast völlig.

Die Auswanderer brachten die Kartoffel wieder nach Amerika zurück, jetzt allerdings nach Neu-England. Die Bauern zogen schließlich ihre Lehren aus der großen irischen Hungersnot: Sie erkannten und besannen sich darauf, dass die Artenvielfalt gepflegt werden muss!

Der Hauptplatz von Retz in Österreich.

Die Kartoffel in Österreich

Die Kartoffel kam durch Carolus Clusius, den Direktor des kaiserlichen botanischen Gartens in Wien, im Jahre 1588 nach Österreich. Die Mönche des Klosters von Seitenstetten bauten erstmals 1620 in ihrem Klostergarten Kartoffeln an. Maria Theresia und Josef II. förderten den Kartoffelanbau, der um 1740 in Pyhrabruck im Waldviertel nachweisbar ist. Die Kartoffel wurde als Volksnahrungsmittel erst 1761 vom so genannten „Erdäpfelpfarrer" Johann Eberhart Jungblut aus Prinzendorf eingeführt, der Saatkartoffeln aus Luxemburg importierte und den Ort Prinzendorf im Weinviertel zu einem frühen Zentrum des Kartoffelanbaues im österreichischen Habsburgerreich machte. In der Steiermark wurde von Erzherzog Johann persönlich der Anbau der Knolle propagiert und tatkräftig unterstützt.

Im Gegensatz zum Mais, der von der ansässigen bäuerlichen Bevölkerung akzeptiert wurde, traf die Kartoffel – wie im übrigen Europa – zunächst auf heftigsten Widerstand. Doch die agrarisch kleinräumige Struktur in den Alpenländern ließ die genügsame Kartoffel als ideale Kulturpflanze erscheinen, da sie einen recht hohen Ertrag garantierte. Gerade dort, wo der Getreideanbau nicht mehr gesteigert werden konnte, wurde die Kartoffel als Stärkefrucht besonders wichtig. Und so wie der Mais spielte auch die Kartoffel in der Spiritusproduktion eine gewaltige Rolle.

Rund 50 verschiedene Kartoffelsorten (z. B. Sirtema, Linzer Delikatesse, Naglerner Kipfler, Sieglinde, Sigma, Bintje) werden in Österreich angebaut. Der Weinviertler Erdapfel, der auf den Urgesteinverwitterungsböden des Innviertels wachsende Sauwald-Erdapfel und der im Lungau auf den naturbelassenen, humushaltigen, sandigen Böden wachsende Eachtling rangieren auf der regionalen Genuss-Skala als Qualitätsspeisekartoffel mit an oberster Stelle.

Im Jahre 1998 wurden auf 7.000 ha Stärkeindustriekartoffeln angebaut, wobei die Gesamtkartoffelfläche 23.000 ha und der durchschnittliche Hektarertrag 35 t betrugen.

Internationale und regionale Namen der Kartoffel

Amerikanisch	Irish potato
Arabisch	kalkas firenze
Chinesisch	yang shu, yang yu
Deutsch	Erdapfel; Tartuffel, Grundbirne, Grummbirem, Krumbeer, Herdapfel, Kartoffel und zahlreiche Dialektformen
Englisch	Potato
Finnisch	Peruna; Maaomena
Französisch	Pomme de terre
Gälisch	Pratie
Griechisch	Patata; geómelon
Hindi, Sanskrit	Alu
Holländisch	Aardappel
In Südamerika	Batata, papas
Japanisch	jagatara imo (bareisho)
Jiddisch	Boulbés
Latein	Solanum tuberosum
Maori	Parareka
Norwegisch	Potet, potetes
Persisch	sib-i-Zamini, alu-i-Malkam
Portugiesisch	Batata
Rumänisch	Cartofla, Cartof, Bandraburca; Barabula, Crumpira, Grumciri
Russisch	Kartofel; Kartoska, Kartopha, Kartocla, Kartovka; Barabolya, Bulba, Bunba, Gulba ...
Schwedisch	Potatis
Slowakisch	Krumpla
Slowenisch	Krompir
Spanisch	Batata
Transsylvanisch	Mere de pamânt
Tschechisch	Bramburk; Zamnak; Krumpir, Krumple
Ungarisch	Krumpli

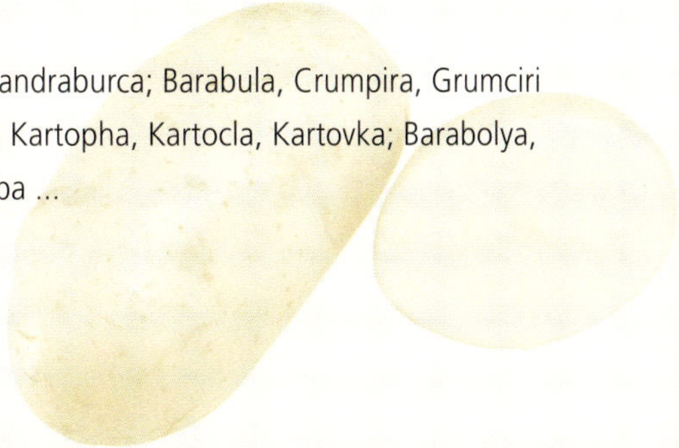

DIE KARTOFFEL ALS NAHRUNGS-MITTEL

Der Siegeszug der Kartoffel beruhte auf ihren Qualitäten als Nahrungsmittel.

Da die Kartoffel eine neue unbekannte Frucht war und alle allgemein bekannten Pflanzen, die Blüten hatten, essbare Früchte entwickelten, die man ernten konnte, wurde bei der Kartoffel mit ihren wunderschönen weißen Blüten geschlossen, dass man die sich entwickelnden grünen Beerenfrüchte ebenfalls essen könne. Doch diese kirschengroßen grünen Beeren tragen die Samen der Kartoffel und jede Menge von giftigem Solanin, das zu Übelkeit und Erbrechen führt. Kein Wunder, dass die Kartoffel jahrhundertelang gering geschätzt wurde, was sich aber sofort änderte, als man den medizinalen Wert der Kartoffel entdeckte. Und als dann noch jemand auf den Gedanken kam, die Kartoffel als machtvolles Aphrodisiakum zu vermarkten, da stieg ihre Reputation gewaltig. Die Botaniker und Kräuterkundigen behaupteten, dass die Kartoffel alle Krankheiten von Durchfall bis Tuberkulose zu heilen vermöge. Und vermutlich dürften die Spanier die Ersten gewesen sein, die die Kartoffel als kulinarische Feinheit, als Delikatesse, auf den Speiseplan brachten und die vielfältigen Zubereitungsarten der Kartoffel aufs Herzlichste genossen.

Frühe Kartoffeln auf dem Markt.

Solanin – das Gift der Knolle

Im alltäglichen Sprachgebrauch bedeutet das Wort „Kartoffel" die Knollen der Kartoffelpflanze. Die zu den Nachtschattengewächsen zählende Pflanze führt die Giftstoffe hauptsächlich in ihren oberirdischen Teilen, wobei die höchste Konzentration in den unreifen Samen auftritt. Der durch Pilz- und Bakterienbefall, Lichtexposition, falsche Lagerung und Beschädigung der Kartoffeln entstehende Giftgehalt steigt in keimenden Kartoffeln an. Lässt man eine Kartoffel zu lange im Licht liegen, so verfärbt sie sich grünlich. Das Solanin konzentriert sich in der Schale der Kartoffeln. Sorgfältiges Schälen und Abschneiden verdorbener Teile sind notwendig!

Das Solanin führt zu starken Reizungen der Schleimhäute des Gastrointestinaltraktes und ruft auch Ausschläge auf der Haut hervor. Bei starken Vergiftungen leidet der Patient unter Krämpfen und Lähmungen, wobei der Tod durch Atemlähmung eintreten kann.

Die Grünfärbung (Chlorophyllbildung der Knollen) und die Alkaloidbildung gehen nicht zwangsläufig einher, sodass auch schon Knollen giftig sein können, die noch nicht grün verfärbt sind! Da der Hauptwirkstoffgehalt der Kartoffel bis zu 1,5 mm unter der Haut liegt, lässt sich durch großzügiges Schälen die Hauptmenge der Alkaloide in der Knolle entfernen.

Achtung: Das Solanin der keimenden Knolle wird auch durch den Kochvorgang nicht zerstört!

Krankheiten der Kartoffel

Kartoffeln können krank werden, denn nicht nur Bakterien, Viren und Pilze verursachen Kartoffelkrebs, Schwarzbeinigkeit, Schorf- und Blattrollbefall und andere Krankheiten, sondern auch tierische

Feinde wie Fadenwürmer, Blattläuse und der wohl bekannte Kartoffelkäfer attackieren die Kartoffelpflanzungen und verursachen alljährlich große Schäden. Kraut- und Knollenfäule waren für das Kartoffeldesaster in Irland 1845 verantwortlich. Die Ursache der raschen Ausbreitung und des totalen Befalls lag in der genetischen Verarmung, wegen der Monokultur. In ganz Irland wurden nur drei Sorten von andinen Kartoffeln angebaut, von denen eine Sorte, Lumper genannt, sehr ertragreich war und von den meisten Kleinbauern auf ihren gesamten Anbauflächen bevorzugt angebaut wurde. Allen Sorten fehlte aber jede Resistenz gegenüber dem aus Mexiko eingeschleppten Pilz der Kartoffelfäule.

Der gelbschwarz gestreifte Kartoffelkäfer hielt per Schiff aus Amerika zur Mitte des 19. Jahrhunderts Einzug in Europa. Die Käfer verbringen den Winter im Boden und stürzen sich im späten Frühjahr, vorzugsweise im Mai, auf die Kartoffelpflanzen und fressen das Kartoffelkraut ab.

Vielfältiges Grundnahrungsmittel

Die Verbreitung der Kartoffel brachte einschneidende Veränderungen der Essgewohnheiten in den europäischen Ländern mit sich, vor allem in Mitteleuropa. Für die im Industriezeitalter schnell wachsende Bevölkerung wurde die Kartoffel bei sonst zu verzeichnender Nahrungsmittelknappheit zu einer preiswerten Nahrungsmittelquelle. So rasant wie sich die Verbreitung des Kartoffelanbaus im 19. Jahrhundert vollzog, so dramatisch ist auch der Rückgang des Verzehrs in der zweiten Hälfte des 20. Jahrhunderts. Um 1890 lag der Pro-Kopf-Verzehr in Deutschland bei 1 kg pro Tag. Der gesteigerte Wohlstand der Bevölkerung in der zweiten Hälfte des 20. Jahrhunderts führte zu einer Abnahme des Pro-Kopf-Verbrauches an Speisekartoffeln auf nur mehr 200 g pro Kopf und pro Tag. Nur die Iren bleiben hier eine Ausnahme. Laut Statistik verzehrt jeder Ire ca. 141 kg Kartoffeln im Jahr, mehr als doppelt so viel wie die Deutschen (68,4 kg).

Die Ausgabe des Weltkataloges 2005 der Kartoffelsorten beschreibt über 4.000 Sorten, die in über 100 Ländern angebaut werden. Von den einst mehr als 2.600 in Europa angebauten Kartoffelsorten sind nur mehr etwa 160 übrig geblieben. Von den heute etwa 120 auf dem Markt erhältlichen Sorten sind etwa 80 Speisekartoffeln. Etwa 40 % der verzehrten Kartoffelmenge sind so genannte „veredelte" Kartoffelerzeugnisse wie z. B. Pommes frites, Chips und Knödelpulver.

Die zugelassenen Kartoffelsorten werden – wie das Obst und Gemüse – nach Handelsklassen, die die Kartoffeln nach Größe und Qualität unterscheiden, vermarktet. Die Kartoffelsorten weichen vor allem nach ihrem Aussehen in Form, Farbe und Größe voneinander ab. Sortenabhängige Merkmale sind der Geschmack, das Kochverhalten, die Reifezeit und die Eignung zur Einlagerung im Keller etc.

Beim Geschmack gibt es eine riesige Bandbreite, die sich zwischen „mild" und „kräftig" erstreckt, wobei sehr feine Nuancen unterschieden werden können, die den Essgenuss entscheidend beeinflussen. Eine Geschmacksstufe ist völlig unerwünscht: die „süße". Sie entsteht dann, wenn die Kartoffel erfriert, d. h., wenn die aus der Stärke gebildete Glukose nicht weiter abgebaut wird.

Kocheigenschaften der Kartoffel

Das Kochverhalten der Kartoffel wird von der Festigkeit, also vom Stärkegehalt, beeinflusst. Bei einem Stärkegehalt von 12 bis 14 % bleiben die Kartoffeln in der Regel beim Kochen fest, während sie bei einem etwas höheren Stärkegehalt von 14 bis 16 % mehlig werden. Beim Kochen zerfallende Kartoffelsorten sind als Handelsware nicht zugelassen.

Fest kochende Kartoffeln

Diese Kartoffeln bleiben beim Kochen, Braten oder Backen in Form. Sie eignen sich für alle Gerichte und finden Verwendung als Salz-, Brat- und Salatkartoffeln. Sie werden „speckig" genannt und auch als Salatkartoffeln gehandelt; sie weisen feste, kerniges Fleisch auf, das beim Kochen seine feste Struktur beibehält und eine feuchte, glatte Schnittfläche zeigt. Die bekanntesten Sorten sind: Hansa, Sieglinde, Selma, Valetta, Linda, Princess, Selma, Cilena, Forelle und Sigma.

Vorwiegend fest kochende Kartoffeln

Diese Kartoffeln sind Universalgenies. Sie werden ebenfalls als Salz- und Bratkartoffeln und außerdem noch für Pommes frites verwendet: Sie entwickeln beim Kochen eine mittlere Festigkeit und sind besonders beliebt für Beilagengerichte. Handelsübliche Sortennamen sind: Amalia, Clivia, Jetta, Ula, Planta, Timate, Bintje, Ukarma, Sirtema, Christa und Isola.

Mehlig kochende Kartoffeln

Sie haben durch den höheren Stärkegehalt eine größere Trockenheit und werden für Püree, Suppen, Eintöpfe etc. verwendet: Sie gehören meist zu den später reifenden Sorten. Dazu zählen z. B. Adretta, Afra, Likaria, Aula, Datura und Irmgard.

Von außen kann man einer Kartoffel kaum ansehen, welche Kocheigenschaften sie aufweist. Als grobe Faustregel gilt: Mehlig kochende Kartoffeln sind eher rundlich, die vorwiegend fest kochenden eher länglich oval und die fest kochenden sind von länglicher und schmaler Form.

Kartoffeltest

Die Mehligkeit von Kartoffeln wird dadurch festgestellt, dass man zwei gleiche Hälften einer Kartoffel mit den Schnittflächen aneinander reibt und die Schaumbildung beobachtet: Je mehr weißer Schaum, umso mehr Stärke besitzt die Kartoffel und umso mehliger ist sie.

Kartoffelsorten und Reife

Je nach der Reife- und Erntezeit werden Kartoffeln in sehr frühe, frühe, mittelfrühe und mittelspäte bis späte Sorten unterteilt. Die heimische Ernte reicht aber nicht, den Bedarf zu decken, und so werden Kartoffeln aus vielen Ländern importiert.

Sehr frühe Sorten

Die als besondere Delikatesse geltenden, teils unter Folie angebauten einheimischen Frühkartof-

Kartoffelsorten gibt es in großer Vielfalt.

feln kann man bereits ab Anfang Juni kaufen. Die hauchdünne Schale wird dabei nur leicht abgebürstet, man muss sie nicht schälen. In Österreich werden diese Kartoffeln auch Heurige genannt, sie haben eine gute Speisequalität, eignen sich aber wegen ihres hohen Wassergehaltes nicht zur Lagerung und Überwinterung. Sie altern rasch und verlieren deshalb auch schnell an Geschmack und Aroma, deshalb sollten Heurige sofort aufgebraucht werden.

Frühe Sorten

Diese im Juni vermarkteten Zwischensaison-Kartoffelsorten dienen als Übergang zu den lagerfähigen späten Kartoffelsorten. Bekannte Sorten sind: Ilona, Sirtema und Ostara.

Mittelfrühe Sorten

Mittelfrühe, lagerfähige Sorten kommen ab Mitte August auf den Markt. Vom ernährungsphysiologischen Standpunkt aus sind die im Spätsommer geernteten Kartoffeln sehr wertvoll. Bekannte Sorten sind: Bintje, Donella und Desirée.

Mittelspäte bis späte Sorten

In dieser Sparte gibt es relativ wenig Sorten und Angebot. Sie sind ideal zum Einlagern.

Die mitteleuropäische Kartoffelsaison beginnt Ende Juni mit den frühen Sorten, ab August erhält man dann die mittelfrühen Sorten und im Oktober findet man die späten Sorten auf dem Markt. Kartoffeln sind kälteempfindlich! Und noch etwas: Kartoffeln mögen es, wenn sie dunkel, trocken und kühl gelagert werden – 7,5 °C haben sich als ideal herausgestellt. Gewaschene Kartoffeln sind übrigens nicht lagerfähig.

Kartoffelblüte.

Kartoffelproduktion

Im Jahre 2005 betrug die Weltproduktion an Kartoffeln 322 Millionen Tonnen, wobei der weltweit größte Kartoffelproduzent die Volksrepublik China (66,5 Millionen Tonnen) ist, gefolgt von Russland, Indien, der Ukraine, den USA, Deutschland und Polen. Der Durchschnittsertrag in Deutschland lag im Jahre 2003 bei 35 Tonnen pro Hektar.

Etwa 25 % der Kartoffelernte sind Speisekartoffeln und gelangen direkt zum Verzehr. Ein weiteres Viertel wird zu Stärke und Alkohol verarbeitet und ca. 40 % der Kartoffeln landen direkt im Futtertrog von Masttieren. Nur etwa 10 % der Kartoffelausbeute werden als Saatgut wieder in die Erde gesteckt.

Kartoffelsorten in Mitteleuropa

Das Angebot an Kartoffeln in Supermärkten umfasst leider nur sehr wenige Sorten, darunter die fest kochende Sorte Hansa, die frühreife Sieglinde und die mehlig kochende Bintje. Diese Sorten werden zu Tausenden von Tonnen angebaut, geerntet und großtechnisch verarbeitet. Selten findet man die nicht so krankheitsfesten, dafür aber einen exquisiten Geschmack aufweisenden alten Sorten La Ratte, das Rotkehlchen oder die Schwarze Ungarin. Überdies liefern ihre aparten roten, schwarzen oder blauen Schalen und das weiße, gelbe oder gar violette Fruchtfleisch eine wundervolle ästhetische Note zum Kartoffelgericht.

In Österreich findet man vorwiegend die mittelfrühen Sorten Piroschka (fest kochend, rotschalig, gelbes Fleisch), Bionta (fest kochend) und Linzer Rose (vorwiegend fest kochend, leicht mehlig, rotschalig). In Deutschland sind es die mittelfrühen Sorten Sitta (vorwiegend fest kochend, leicht mehlig, gelbfleischig), Heidenniere (gelbfleischig, Delikatesse), Ackersegen (mehlig, fest kochend, guter Geschmack), Aquila (robuste Sorte), sowie die mittelspäte Gerlinde (mehlig kochend, ertragreich) etc.

Aus Ungarn stammt die mittelfrühe, mehlig kochende, blauviolettschalige, doch weißfleischige robuste Schwarze Ungarin und aus Tschechien die Kerkauer Kipfler, eine fest kochende, mittelfrühe, für Salate vorzügliche Sorte. Die britischen Sorten Magnum Bonum (mehlig kochend, sehr guter Geschmack) und Patersons Victoria (robust, kleinknollig) sind Kartoffelliebhabern bekannt.

Frankreich kennt viele ausgezeichnete Kartoffelsorten: die frühen La Roseval du Loiret (gelbfleischig, rötliche Schale), La Charlotte (grellgelb, fest kochend), La Ratte du Touquet (gelbfleischig, länglich) und die Belle de Fontenay (gelblich, vorwiegend fest kochend), die Bintje (mehlig kochend, gelbfleischig) sowie die mittelspäten fest kochenden Sorten Estima und Francine.

Unbekannter Herkunft ist die Sorte Blaue Schweden, die mittelfrüh, mehlig kochend und blauschalig und blaufleischig ist. Für welche Sorte auch immer Sie sich entscheiden – in dem vielfältigen Angebot werden Sie kulinarische Entdeckungen machen können.

Was steckt in der Kartoffel?

Kartoffeln sind reich an wichtigen Vitaminen und Mineralstoffen. Die Ballaststoffe sind gut für Magen und Darm – heute weiß man, dass diese sogar gegen Tumore in diesem Bereich helfen. Die Inhaltsstoffe im Einzelnen:

Wasser	75,0%
Stärke	17,0%
Zucker	0,5%
Dextrine, Petosane, Pektine	2,8%
Eiweißbausteine	2,0%
Fette	0,3 %
Rohfaser	0,7 %
Mineralstoffe, Spurenelemente	1,1 %
Vitamine, Solanin etc.	0,4 %

Der Nährwert der Kartoffeln

Je 100 g Kartoffeln haben einen Nährwert von ca. 70 bis 90 kcal (= Kilokalorien). Vergleichsweise bringen 1 g Eiweiß nur etwa 4 kcal, 1 g Fett etwa 9 kcal und 1 g Kohlehydrate etwa 4 kcal. Damit ist die Kartoffel nährwertärmer als ein Apfel. Und ein Vorurteil wäre widerlegt, denn: Kartoffeln sind keine Dickmacher, sondern ein wertvolles Nahrungsmittel. Die folgende Nährwerttabelle vergleicht die Inhaltsmengen und Energien der Kartoffel mit ausgewählten Kartoffelprodukten.

Nährwerttabelle der Kartoffel und ausgewählter Kartoffelprodukte (je 100 g essbarem Kartoffelanteil)

Anteil pro 100 g essbarem Anteil	Energie [kcal]	Eiweiß [g]	Fett [g]	Kohlenhydrate [g]	Ballaststoff [g]
roh	70	2,0	–	14,8	2,1
gekocht	70	2,0	–	14,8	1,7
gebacken mit Schale	85	2,5	–	17,9	3,1
Kartoffelchips	539	5,5	39,4	40,6	–
Kartoffelsticks	494	6,5	31,5	46,1	–
Pommes frites	290	4,2	14,5	35,7	–
Pommes frites/ Backrohr	257	4,1	9,7	37,4	2,5
Bratkartoffeln	161	2,5	8,0	19,2	2,2
Kartoffelpüree	75	2,0	1,9	12,2	1,4
Rösti	201	2,5	9,8	25,1	2,7
Kartoffelpuffer	292	3,2	19,2	25,7	1,8

Gefüllte Kartoffeln sind schnell zubereitet.

Tipps und Tricks mit Kartoffeln

Der Vitamin- und Nährstoffgehalt der Kartoffel nimmt mit zunehmender Reife zu, baut sich jedoch mit anhaltender Lagerung langsam wieder ab. Zudem verliert jedes Nahrungsmittel je nach Art der Zubereitung seine Nährstoffe, denn durch Waschen, Zerkleinern, Kochen, Dünsten, Braten, Aufwärmen, Einfrieren und Auftauen vermindern sich diese wichtigen Energieträger. Da Äpfel Botenstoffe ausströmen, die die Reife von Früchten beschleunigen, darf man auf keinen Fall Kartoffeln und Äpfel zusammen lagern.

Die Augen der Kartoffeln sind der Zugang zu geballter Ladung von hochwertigem Eiweiß und Kartoffelstärke. Man sollte die Kartoffelaugen nicht entfernen, denn dann entfernt man allzu großzügig das Eiweiß und die Stärke. Um nicht gleich alle Vitamine und Mineralstoffe zu verlieren, sollten die Kartoffeln einer schonenden Garmethode, also kurzen Koch-, Back- und Grillzeiten, unterzogen werden. Garen in der Folie ist am besten.

Und eine letzte altbewährte Küchenweisheit: Kartoffelgerichte sollten nicht allzu lange warm gehalten werden, denn dabei gehen viele wertvolle Inhaltsstoffe verloren. Kartoffelgerichte deshalb erst kurz vor dem Servieren aufwärmen.

Die Kartoffel ist kein Dickmacher, denn sie besteht zum größten Teil aus Wasser. Tatsache ist, dass Kartoffelgerichte oft mit viel Salz und Fett zubereitet werden und dies macht dick, nicht aber die Kartoffel selbst!

Richtig zubereitet, behält die Kartoffel ihre Vitamine und ihre wichtigen Spurenelemente und ist so die ideale Ergänzung zu Milchprodukten und Eiern. Mit einer Kartoffeldiät kann man sogar bequem und ohne zu hungern abnehmen. Forschungsergebnisse der jüngeren Zeit deuten darauf hin, dass zu starkes Anbraten oder Frittieren der Kartoffeln krebserregende Substanzen produziert.

Eines kann man die Kartoffel aber nicht: Roh essen! Der Grund liegt darin, dass die rohe Kartoffel das giftige Solanin enthält und dieses vor der Verarbeitung der Kartoffel durch Schälen und Säubern sorgfältig entfernt werden muss. Dann erst kann man die Knolle auch sicher verzehren.

KARTOFFEL UND KULTUR

Kartoffelkunst à la nature.

Mythos und Kunst

Die Kartoffel als wichtige Nahrungspflanze hat ihre Spuren in Mythos und Kunst in allen Kulturen hinterlassen. Tonbehältnisse als Grabbeigaben in der Form von Kartoffeln gehören zu den ältesten künstlerischen Zeugnissen indianischen Kunsthandwerks. Besondere Kartoffeln, vor allem Kartoffelzwillinge, wurden von den Indios verehrt und mit der Kartoffelmutter Axomama, der „Mutter der Erneuerung", identifiziert.

In Europa war während der letzten fünfhundert Jahre die Kartoffel ein immer wiederkehrendes Objekt in der Malerei, der Dichtkunst etc. Der berühmte Globus des berühmten Nürnberger Kartographen Martin Behaim wurde mit „Erdapfel" bezeichnet. Die älteste Darstellung der Kartoffelpflanze in der europäischen Kunst findet sich auf einem Aquarell aus dem Jahre 1588. Der Renaissancekünstler Giuseppe Archimboldo malte 1591 den habsburgischen Kaiser Rudolf II. in einem Porträt mit dem Titel *Rudolf II als Vertumnus* als Vegetationsgott, wobei die Kartoffel im Gesicht des Herrschers identifiziert werden kann. Im 19. Jahrhundert eroberte die Kartoffel auch Skizzenblöcke und Malerstaffeleien berühmter Maler wie Vincent van Gogh, Jean-Francois Millet, Salvadore Dali, Max Pechstein etc. Der chilenische Nobelpreisträger Pablo Neruda hat der Kartoffel eine Ode gewidmet. Hans Fallada gar züchtete Kartoffeln. Goethe machte ihr eine Liebeserklärung und Ringelnatz gab „Pelka" Abschiedsworte mit. Zu guter Letzt hat die Kartoffel auch Einzug in die Museen gehalten. Im pfälzischen Fußgönheim oder in München kann man sich museal informieren.

Die Kartoffel, die Liebe und die Kirche

Nicht nur in Frankreich wurde der Kartoffel unterstellt, Krankheiten wie Lepra, Syphilis, Sterilität, frühen Tod und ausufernde Sexualität zu verursachen und den Boden, auf dem sie wachse, zu vergiften und zerstören.

Anderer Meinung war der „frauenverschleißende" König Heinrich VIII. von England. Er entdeckte seine besondere Vorliebe für die Neue-Welt-Pflanze, wenn auch aus gänzlich anderen Gründen: Wie man allen Wurzelpflanzen nachsagte, dass sie die Lust heraufbeschwören, wurde auch der Kartoffelpflanze eine hohe aphrodisierende Wirkung nachgesagt. Der weit verbreitete Glaube an diese Wundereigenschaft bewirkte, dass die Kartoffel eines der geschätztesten Gerichte an königlichen Tafeln war.

Dies bezeugt selbst Englands größter Dichter William Shakespeare, lässt er doch in seinem Theaterstück *Die lustigen Weiber von Windsor* Sir John Falstaff, der glaubt, das Schicksal verschaffe ihm das Vergnügen, sich mit zwei amourösen Bettgenossinnen gleichzeitig unterhalten zu dürfen, ausrufen „Let the sky rain potatoes!" (Lass den Himmel Kartoffeln regnen!), doch dürfte es sich dabei um die süße Variante gehandelt haben. Die aphrodisische Reputation der Süßkartoffel erfuhr nach der Hochzeit Napoleons mit Josephine, der kreolischen Schönheit aus der Karibik, einen steilen Höhenflug in Frankreich.

Ganz anders reagierte die katholische Kirche, die in allem Indianischen etwas Heidnisches sah. Sie war mitschuldig, dass der Kartoffel in Europa jahrhundertelang großes Misstrauen und Angst entgegengebracht wurde. Sie predigte, der Verzehr der Kartoffel errege den Menschen sexuell, da die Kartoffel ein Werk des Teufels sei und der Verführung diene.

Auch der Klerus machte Front gegen die Kartoffel, die nicht in der Bibel vorkommt, dafür aber aus der Familie der Nachtschattengewächse stammt, jener Pflanzenfamilie also, der auch das Hexenkraut zugehört. Die Kirche setzte Nachtschattengewächs, unterirdische Knolle und dunkel mit teuflisch gleich und versuchte mit aller Macht, die Verbreitung der Kartoffel zu verhindern. Die Kartoffel wurde zur höllischen Frucht erklärt und als etwas höchst Unchristliches, Unheiliges, ja geradezu Teuflisches, schmutzig Primitives und Ungesundes betrachtet. Man darf aber nicht vergessen, dass die Menschen damals nicht gewohnt waren, Früchte aus der Erde zu essen – man hielt sich an die oberirdisch wachsenden Pflanzen.

Kein Wunder, dass es häufig vorkam, dass die Menschen nicht die Knollen, die in der Erde wuchsen, verzehrten, sondern die oberirdischen grünen Beeren und sich durch das Solanin dementsprechend schwere Vergiftungen zuzogen. Es wurde behauptet, die Kartoffel sei aus dem Speichel des Teufels entstanden und beherberge die Sünde. Die Schotten weigerten sich, die Kartoffel zu essen, da sie nicht in der Bibel erwähnt werde.

Erwähnt werden muss aber auch, dass Geistliche den Wert der Kartoffel früh erkannten und sie sogar erforschten. Trotz aller Widrigkeiten bahnte sich die Kartoffel ihren Weg in die Kochtöpfe der einzelnen Länder dieser Welt.

Kartoffeln gegen allerlei Beschwerden

Die Kartoffel spielte bei vielen Völkern der Neuen Welt über Jahrtausende eine zentrale Rolle als tägliches Nahrungsmittel und als kultureller Einflussfaktor. Die Medizinmänner der Anden-Indios erkannten die medizinale Heilwirkung der Kartoffel sehr früh und setzten sie als Breitbandmedizin innerlich wie äußerlich häufig mit großem Erfolg ein. Mit rohen Kartoffelscheiben oder zerstampftem Kartoffelbrei wurden Knochenbrüche kuriert, Brandwunden behandelt und Kopfschmerzen bekämpft. Rheumatische Beschwerden, Gicht, Magenerkrankungen sowie Skorbut werden heute noch mit Kartoffelmedizin geheilt.

Für Diabetiker, die häufig an Nierenfunktionseinschränkung leiden, wurde eine eigene therapeutische Kartoffel-Ei-Diät entwickelt, welche die Zufuhr der notwendigen Nährstoffe sicherstellt und dabei den Patienten nicht mit unangenehmen Nebenwirkungen belastet. Falsche Ernährung – vorwiegend zu fett und zu salzig – kann auch zu Bluthochdruck (Hypertonie) führen. Die Kartoffel als extrem natriumarmes Nahrungsmittel bietet sich dagegen als probates Gegenmittel an.

Eine der wenigen Verwendungsarten für rohen Kartoffelsaft kennt die Volksheilkunde: Er ist als magenstärkende Arznei bekannt. Man trinke ein halbes Glas rohen Kartoffelsaft nach dem Aufstehen auf nüchternen Magen und die Gastritis wird sich bald verabschieden. Es soll sogar zur Ausheilung von Magengeschwüren hilfreich gewesen sein.

Will man eine Entschlackungskur einlegen, dann eignet sich die Kartoffel ideal dafür, denn ihr relativ hoher Kaliumgehalt wirkt entwässernd. Da die Kartoffel basisch ist, eignet sie sich hervorragend bei Stoffwechselproblemen. Die Naturheilkunde empfiehlt regelmäßig einen Kartoffeltag zur Entwässerung, und gut fürs Herz ist das auch noch.

Ein altes Hausmittel bei Hals- und Ohrenschmerzen ist eine heiße Kartoffelkompresse. Rohe, geriebene Kartoffeln verhindern, dass bei geschlossenen Brandwunden Blasen entstehen, da die Kartoffel das Wasser abzusaugen vermag.

Wer unter Durchfall leidet, dem wird ein nur mit Wasser angerührter, ungesalzener Kartoffelbrei als Speise empfohlen, und wen das Gegenteil (die Verstopfung) plagt, der greife zu Bratkartoffeln und zu schwarzem ungesüßtem Kaffee.

Die Kartoffel wurde zum Vertreiben von Warzen benutzt und Kartoffelwasser, das man beim Sieden von Kartoffeln erhält, sei wirksam gegen Läuse und andere Kopfbewohner – ein heutzutage nur mehr bedingt notwendiges Hausmittel.

Auch die Schönheitsindustrie hat die Kartoffel längst entdeckt, denn eine Unzahl von Schönheitsmitteln beruht auf der Verwendung des in der Kartoffel versteckten Energiepotenzials. Die Werbung weiß hier von Haarshampoo auf Kartoffelbasis, von Feuchtigkeit spendenden Kartoffelcremes, Kartoffelmasken und -packungen, Püreebädern, sogar von Schönheitsprogrammen in eigens erbauten Kartoffelhotels, die sich alle die Vorteile der Kartoffel zu Eigen machen. Vertrauen wir auf Goethe: „Morgens und mittags gestampft, abends in Scheiben – soll's bleiben. Es ist gesund."

VORSPEISEN UND SALATE

Kartoffelkäse

Zutaten

60 g Butter
300 g Kartoffeln
1 große Zwiebel
130 ml Sauerrahm
Salz, Pfeffer
Schnittlauch zum Garnieren

Zubereitung

Die Kartoffeln kochen und auskühlen lassen, dann fein reiben. Die gut geschlagene Butter unter die ausgekühlten und fein geriebenen Kartoffeln mengen. Zwiebel fein hacken. Zwiebel und Sauerrahm dazugeben, mit Salz und Pfeffer würzen. Zum Schluss mit dem fein gehackten Schnittlauch bestreuen.

Der Küchen Tipp

Statt des Schnittlauchs können Sie auch andere frische Kräuter verwenden – ganz nach Geschmack und Saison.

Kartoffelbrot

Zutaten

400 g Kartoffeln
400 g Weizenmehl
300 ml lauwarme Milch oder Buttermilch
1 EL Zucker
1 TL Salz
1 TL Brotgewürz
2 Päckchen Trockengerm

Zubereitung

Die Kartoffeln kochen, schälen und dann grob reiben. Mehl, Milch, Zucker und Salz vermengen und Trockengerm untermischen. Zu einem geschmeidigen Teig verarbeiten. 2 Stunden rasten lassen. Einen Laib formen und nochmals 30 Minuten gehen lassen. Im vorgeheizten Backofen (190 °C) auf mittlerer Schiene ca. 50 bis 60 Minuten backen.

Der Küchen Tipp

Für Kartoffelbrot eignen sich fest kochende Kartoffeln am besten. Besonders lecker schmeckt das Brot zu Gegrilltem oder zu Dips.

Kartoffelsalat

Zutaten

600 g mittelgroße, fest kochende Salatkartoffeln
1 Zwiebel
125 ml Fleisch- oder Gemüsebrühe
1 Lorbeerblatt
2 EL Weißweinessig
Pfeffer aus der Mühle
Salz
3 EL geschmacksneutrales Öl

Zubereitung

Die Kartoffeln waschen und ca. 20 Minuten in der Schale kochen. Währenddessen die Zwiebel schälen und sehr fein würfeln. Die Brühe mit dem Lorbeerblatt aufkochen, Zwiebelwürfel und Essig zugeben und das Ganze auskühlen lassen. Die gekochten Kartoffeln kurz ausdämpfen lassen und noch heiß schälen, in Scheiben schneiden und in eine Schüssel füllen.

Das Lorbeerblatt aus der Brühe entfernen, die Zwiebel-Essig-Brühe über die Kartoffeln gießen und dann reichlich Pfeffer darüber mahlen, nur leicht salzen. Den Kartoffelsalat zugedeckt etwa 30 Minuten durchziehen lassen und erst kurz vor dem Servieren das Öl untermischen.

Der Küchen Tipp

Kartoffelsalat ist der „Star" bei jeder sommerlichen Gartenparty. Er passt hervorragend zu Würstchen und Gegrilltem.

Kartoffel-Vogerlsalat

Zutaten

750 g fest kochende Kartoffeln
1 Salatgurke
2 mittelgroße Äpfel
2 Bund Radieschen
100 g Vogerlsalat

Für die Marinade

4 EL Sauerrahm
1 EL Joghurt
2 EL Obers
2 Knoblauchzehen
Salz, Pfeffer
Zucker

Zubereitung

Kartoffeln kochen, schälen und in Scheiben schneiden. Gurke und Äpfel schälen und in feine Scheiben schneiden. Radieschen ebenfalls in feine Scheiben schneiden. Vogerlsalat waschen und die Ansätze abzupfen.

Für die Marinade Sauerrahm, Joghurt und Obers vermischen, die Knoblauchzehe zerdrücken und hineingeben, mit Salz, Pfeffer und etwas Zucker abschmecken. Den Salat damit übergießen und nochmals abschmecken.

Warmer Kartoffelsalat mit Speck

Zutaten

600 g fest kochende Salatkartoffeln
1 Zwiebel
125 ml Gemüse- oder Fleischbrühe
1 Lorbeerblatt
2 EL Weißweinessig
Salz, Pfeffer aus der Mühle
100 g durchwachsener Bauchspeck (ohne Schwarte und ohne Knorpel)

Zubereitung

Die Kartoffeln waschen und in der Schale kochen, inzwischen die Zwiebel schälen und fein würfeln. Die Brühe mit dem Lorbeerblatt aufkochen, die Zwiebelwürfel sowie den Essig zugeben und auskühlen lassen. Die gekochten Kartoffeln kurz ausdampfen lassen, noch heiß schälen und in Scheiben schneiden. In eine Schüssel füllen, die Zwiebel-Essig-Brühe darüber geben und das Lorbeerblatt entfernen. Den Kartoffelsalat reichlich pfeffern, schwach salzen und zugedeckt mindestens 30 Minuten ziehen lassen.

Inzwischen den Speck feinwürfelig schneiden und in einer Pfanne langsam anbraten. Anschließend die gebratenen Speckwürfel mit dem Salat vermischen. Den Salat noch warm servieren.

Sudetendeutscher Kartoffelsalat

Zutaten

1 kg fest kochende Kartoffeln
2 Salzheringe (250 g) oder
4 Heringsfilets (etwa 200 g)
1 Zwiebel
1 mittelgroßer Apfel
1–2 Gewürzgurken (100 g)

Für die Marinade

6 EL Speise(lein)öl
6 EL Brühe
2 EL Essig
Pfeffer aus der Mühle
1 TL Zucker
4 EL Obers
1 Bund Schnittlauch zum Garnieren

Zubereitung

Die Kartoffeln schälen und in Scheiben oder Würfel schneiden. Die Salzheringe oder Heringsfilets wässern oder in Milch einlegen. Mit Küchenpapier abtrocknen, häuten und entgräten. Filets in etwa 1 cm breite Streifen schneiden. Apfel und Zwiebel schälen und zusammen mit den Gewürzgurken in dünne Streifen oder Würfel schneiden. Die Zutaten miteinander vermischen.

Aus Leinöl, Brühe, Essig, Gewürzen und Obers eine Marinade rühren. Über die Salatzutaten geben und vorsichtig untermischen. Den Kartoffelsalat mindestens 30 Minuten durchkühlen lassen. Mit fein geschnittenem Schnittlauch bestreut servieren.

Kunterbunter Kartoffelsalat

Zutaten

500 g fest kochende Kartoffeln
150 g Krakauer Wurst
2–3 Essiggurken
2 Eier, hart gekocht
1 rote Paprikaschote
200 g Gouda

Für die Marinade

2 EL Salatmayonnaise
2 EL Joghurt
3 EL Obers
3 EL Essig
3 EL Wasser
2 TL Kapern, gehackt
1 EL Zwiebel, würfelig geschnitten
Salz, Pfeffer
Tabascosauce

Zubereitung

Kartoffeln kochen, schälen und blättrig schneiden. Wurst, Essiggurken und Eier in feine Scheiben schneiden. Paprika und Käse nudelig schneiden. Für die Marinade Mayonnaise, Joghurt, Obers, Essig und Wasser mischen. Die gehackten Kapern und die in Würfel geschnittene Zwiebel darunter mengen, mit Salz, Pfeffer und Tabascosauce abschmecken. Marinade mit dem Salat mischen und 2 Stunden ziehen lassen. Kartoffelsalat anrichten und garnieren.

Der Küchen Tipp

Geben Sie zum Kochwasser der Kartoffeln Dill oder etwas Petersilie zu – das schmeckt besonders pikant.

Kartoffelsalat mit Basilikum

Zutaten

500 g speckige Kartoffeln
1 Zwiebel
2 Bund Basilikum

Für die Marinade

etwa 100 ml Essig
300 ml Wasser
2 EL Öl
Salz, Pfeffer, Zucker

Zubereitung

Die Kartoffeln kochen, schälen und auskühlen lassen. In feine Scheiben schneiden und mit der fein geschnittenen Zwiebel vermischen. Für die Marinade Essig, Wasser und Öl vermengen und mit Salz, Pfeffer und etwas Zucker würzen. Die Marinade über die Kartoffeln gießen und mindestens eine Stunde ziehen lassen. Vor dem Servieren das klein gezupfte (nicht geschnittene) Basilikum untermengen. Eventuell nochmals nachwürzen.

Der Küchen Tipp

Nehmen Sie doch einmal Weißweinessig – das ergibt einen besonders pikanten Geschmack. Wer's lieber italienisch mag, der nehme weißen Balsamessig.

SUPPEN

Kartoffelcremesuppe mit Fenchel und Speck

Zutaten

750 g mehlig kochende Kartoffeln
2 Zwiebeln
3 EL Butterschmalz
1 l Fleischbrühe
250 ml trockener Weißwein
Salz, Pfeffer aus der Mühle
1 TL Curry
100 g Crème fraîche
2 Eidotter
100 g Frühstücksspeck
1 große Fenchelknolle
1 Bund Dill zum Garnieren

Zubereitung

Die Kartoffeln schälen und in Würfel schneiden. Die Zwiebeln schälen und würfelig schneiden. Butterschmalz in einem Topf erhitzen und Zwiebeln darin glasig dünsten. Kartoffeln hinzufügen und kurz mit anbraten. Weißwein zur Fleischbrühe gießen und die Kartoffel-Zwiebel-Mischung damit ablöschen. Salz, Pfeffer und Curry zufügen und 20 Minuten garen. Eine Hand voll Kartoffeln beiseite geben und die restlichen Kartoffeln mit dem Stabmixer pürieren. Crème fraîche unter die Kartoffelsuppe mischen, dann etwas heiße Suppe mit Eidotter verquirlen und in die Suppe rühren. Speck in schmale Streifen schneiden und ohne oder in sehr wenig Fett knusprig ausbraten.

Den Fenchel putzen, waschen und halbieren. Den Strunk heraus- und in dünne Scheiben schneiden. Im Speckfett 2 Minuten von jeder Seite braten.

Dill waschen, von den Stielen zupfen und fein hacken. Suppe auf Teller verteilen. Mit Fenchelstreifen, Speck und Dill garnieren und servieren.

Kartoffelsuppe mit Eierschwammerln

Zutaten

500 g mehlig kochende Kartoffeln
100 g Petersilienwurzel
100 g Karotten
1 Zwiebel
60 g Fett
60 g Mehl
1 l Wasser
Salz, Pfeffer
200 g Eierschwammerln
20 g Butter
Liebstöckel (Maggikraut) zum Garnieren

Zubereitung

Kartoffeln, Petersilienwurzel und Karotten waschen und schälen. Alles in kleine Würfel schneiden und die Zwiebel klein hacken.

Fett erhitzen, Zwiebel, Petersilienwurzel-, Karotten- und Kartoffelwürfel darin kurz andünsten, mit Mehl stauben und mit Wasser aufgießen. Dann mit Salz und Pfeffer würzen. Bei mittlerer Hitze 15 bis 20 Minuten kochen (Kartoffeln sollen weich sein).

In der Zwischenzeit die Eierschwammerln putzen, schneiden und in Butter anrösten. Kurz vor Ende der Kochzeit zur Suppe geben. Die Suppe mit fein geschnittenem Liebstöckel servieren.

Altdeutsche Kartoffelsuppe

Zutaten

700 g mehlig kochende Kartoffeln
3 Karotten
1 kleines Stück Sellerie
100 g Butter
1,5 l Fleischbrühe
2 Zwiebeln
1 Nelke
1 Lorbeerblatt
1 Stange Lauch
125 ml Obers oder Crème fraîche
Salz, weißer Pfeffer aus der Mühle
Majoran
Muskatnuss, gerieben
200 g Eierschwammerln
1 Zwiebel
20 g Butter
2 EL Kräuter
(z. B. Kerbel, Schnittlauch, Petersilie)

Zubereitung

Kartoffeln, Karotten und Sellerie gut putzen, schälen und waschen. Das Gemüse in feine Würfel schneiden. Karotten und Sellerie kurz in Butter andünsten, dann mit den Kartoffelwürfeln in die Fleischbrühe geben.

Eine Zwiebel schälen, mit der Nelke spicken und zusammen mit dem Lorbeerblatt in die Brühe geben. Diese zum Kochen bringen und zugedeckt etwa 20 Minuten ziehen lassen.

Den Lauch putzen, gründlich waschen, in Ringe schneiden und in der Suppe 10 Minuten mitkochen lassen. Danach die gespickte Zwiebel entfernen. Etwa ein Drittel der Kartoffelwürfel aus der Suppe schöpfen, pürieren und mit Obers oder Crème fraîche verrühren. Wieder zur Suppe geben, alles erhitzen und mit Salz, Pfeffer, Majoran und Muskatnuss abschmecken.

Die Eierschwammerln putzen, waschen, abtropfen lassen und die großen Pilze halbieren. Eine fein gewürfelte Zwiebel in Butter goldgelb andünsten, die Pilze zugeben und etwa 5 Minuten dünsten lassen. Zur Kartoffelsuppe geben und 5 Minuten miterhitzen. Die fertige Suppe mit den fein gehackten Kräutern garniert servieren.

Der Küchen Tipp

Statt der Fleischbrühe können Sie auch Gemüsebrühe verwenden – Gemüsebrühwürfel erhalten Sie z. B. im Reformhaus oder in der Bio-Abteilung im Supermarkt.

Wiener Kartoffelsuppe

Zutaten

1 kleine Zwiebel
20 g Butter
500 ml kräftige Hühner- oder Rindsbrühe
4 mehlig kochende Kartoffeln
1 Knoblauchzehe
Kerbel, Petersilie, Schnittlauch
250 g Topfen
etwas Obers

Zubereitung

Die Zwiebel fein schneiden und in Butter glasig anlaufen lassen. Mit der Rindsbrühe aufgießen. Die rohen Kartoffeln würfelig schneiden und die Knoblauchzehe fein hacken. Mit den Kräutern in die Brühe geben. Die Suppe kochen lassen, bis die Kartoffeln weich sind. Anschließend den Topfen dazugeben. Alles passieren, abschmecken und zum Schluss mit etwas Obers verfeinern. Fein geschnittenen Schnittlauch darüber streuen und die Suppe servieren.

Der Küchen Tipp

Statt des Kerbels können Sie auch frischen Dill verwenden.

Rumfordsuppe

Zutaten

250 g Gerstengraupen
250 g Erbsen
1 kg mehlig kochende Kartoffeln
Essig, Salz
Brotscheiben (evtl. angeröstet)

Zubereitung

Gerstengraupen mit viel Wasser kochen, Erbsen dazugeben und zwei Stunden weiterkochen. Kartoffeln dazugeben und noch eine Stunde kochen. Die Suppe mehrfach umrühren, damit eine gleichförmige Masse entsteht. Am Schluss mit etwas Essig und Salz würzen, die Brotscheiben hineingeben und die Suppe servieren.

Der Küchen Tipp

Dieses Rezept geht auf Sir Benjamin Thompson, Graf von Rumford, zurück. Das Rezept lässt sich problemlos „vergrößern" und macht dann auch viele Leute satt.

HAUPTSPEISEN

Kartoffelauflauf

Zutaten

500 g fest kochende Kartoffeln
1 Stange Porree
300 g Sauerkraut
Salz, Pfeffer
350 ml Sauerrahm
3 Eier
1 TL Paprikapulver
1 TL Tomatenmark
1 Bund Petersilie zum Garnieren

Zubereitung

Die gekochten Kartoffeln in grobe Würfel, Porree in Ringe schneiden. Sauerkraut untermischen. Mit Salz und Pfeffer würzen und in eine feuerfeste Form geben.

Den Sauerrahm und die Eier mit Paprikapulver und Tomatenmark verquirlen und über die Kartoffel-Sauerkraut-Masse gießen. Im Backofen bei 180 °C auf mittlerer Schiene etwa 50 Minuten backen. Die Auflaufform herausnehmen, den Kartoffelauflauf mit der fein gehackten Petersilie garnieren.

Kartoffelschmarren

Zutaten

1 kg mehlig kochende Kartoffeln
Salz
150 g griffiges Mehl
100–150 g Schweine- oder Butterschmalz

Zubereitung

Die in der Schale gekochten Kartoffeln schälen, heiß durchpressen und auskühlen lassen. Kartoffelmasse salzen, Mehl beimengen und abbröseln. 100 g Fett in einer Bratpfanne oder Kasserolle erhitzen. Den Kartoffelteig hineingeben und im vorgeheizten Backofen bei 220 °C garen. Nach 25 Minuten Backzeit den Teig wenden und mit einer Gabel lockern. Nach weiteren 5 Minuten den Schmarren herausnehmen und fein zerreißen. Das restliche Fett erhitzen und gut über dem Kartoffelschmarren verteilen.

Ungarisches Kartoffelgulasch

Zutaten

1 kg fest kochende Kartoffeln
50 g fetter Speck
1 EL Öl
2 Zwiebeln
1 grüne Paprikaschote
1 Knoblauchzehe
2 EL Paprika edelsüß
Salz
1 Msp. gemahlener Kümmel
500 ml heiße Fleischbrühe
4 EL Sauerrahm

Zubereitung

Die Kartoffeln waschen und schälen, in große Würfel schneiden und auf Küchenpapier kurz trocknen lassen. Inzwischen den Speck in sehr kleine Würfel schneiden und in der heißen Pfanne mit den fein gewürfelten Zwiebeln andünsten. Paprika halbieren, entstielen und entkernen, waschen und in feine Streifen schneiden. Die Paprikastreifen zu den Zwiebeln und dem Speck geben und mitdünsten lassen. Jetzt die abgetropften Kartoffelwürfel zugeben. Knoblauchzehe zerdrücken und in die Pfanne geben. Paprika, Salz und Kümmel dazugeben. Alles kurz durchziehen lassen und dann mit der Fleischbrühe ablöschen. Das Gulasch aufkochen und etwa 25 bis 30 Minuten garen lassen. Am Ende der Garzeit den Sauerrahm unterrühren.

Der Küchen Tipp

Zum Kartoffelgulasch passt ein kräftiges, dunkles Brot.

Kartoffelpuffer

Zutaten
1 kg fest kochende Kartoffeln
3 Eier
1 kleine Zwiebel
1 Knoblauchzehe
Kräutersalz
2 EL Sojamehl
1 Bund Schnittlauch
Sonnenblumenöl zum Braten

Zubereitung

Kartoffeln gründlich waschen und schälen. Fein reiben, die Kartoffelraspel etwas ausdrücken und den dabei entstehenden Saft wegschütten. Die Kartoffelmasse mit den Eiern verrühren. Zwiebel und Knoblauch in die Masse reiben und mit dem Kräutersalz würzen. Das Sojamehl einrühren und den fein geschnittenen Schnittlauch untermischen. In einer schweren Pfanne Sonnenblumenöl erhitzen und aus je einem Esslöffel Teig 4 runde Plätzchen auf beiden Seiten goldgelb backen. Mit Kräuter-Sauerrahm-Sauce und Salat servieren.

Der Küchen Tipp

Kartoffelpuffer haben – je nach Region – sehr unterschiedliche Namen, z. B. Reiberdatschi, Reibekuchen, Dätscher, Grüne Glitscher, Hatscheln und Dotsch.

Schweizer Rösti

Zutaten

500 g fest kochende Kartoffeln
1 Zwiebel
1 Ei
Salz, Pfeffer
50 g Butter

Zubereitung

Kartoffeln am Vortag kochen und stehen lassen. Tags darauf schälen und grob raspeln. Zwiebel schälen, feinwürfelig hacken und beimengen. Ei verquirlen, unter die Kartoffeln heben, salzen und pfeffern. Butter erhitzen, die Kartoffelmasse flach in der Pfanne andrücken und goldgelb braten. Dann Rösti mit einem Teller bedecken, mit der Pfanne wenden und in die Pfanne zurückgleiten lassen. Diese Seite ebenfalls goldgelb rösten.

Aus der Masse kann man auch flache Scheibchen (Rösti) formen und in heißer Butter von beiden Seiten knusprig braten.

Der Küchen Tipp

Kartoffelpuffer sind die elegantere Form der „ausgefransten" Rösti – sie sind quasi Geschwister.

Kartoffelnudeln

Zutaten

300 g Mehl
1 Ei
1 TL Salz
6 EL Wasser

Für die Fülle

1 kg mehlig kochende Kartoffeln
100 g Zwiebeln
50 g Fett
1 TL Majoran
1 TL Salz
50 g Grammelfett

Zubereitung

Mehl, Salz, Ei und Wasser zu einem weichen Nudelteig verarbeiten. Für die Fülle Kartoffeln kochen, heiß schälen und passieren. Mit den fein gehackten und in Fett gerösteten Zwiebeln und den anderen Zutaten gut mischen und daraus kleine Kugeln formen.

Den Nudelteig dünn ausrollen, mit den Kugeln in regelmäßigen Abständen belegen, den Teig darüber schlagen, gut andrücken und halbrund ausradeln.

Die Nudeln ca. 10 Minuten in Salzwasser kochen und dann abseihen. Die Nudeln dann mit heißem Grammelschmalz und Sauerkraut servieren.

Der Küchen Tipp

In Kärnten wird der Rand – je nach Region unterschiedlich – „gekrendelt" (wellig quetschend geformt), d. h. auf eine bestimmte Weise eingeschlagen.

Kärntner Schupfnudeln

Zutaten

500 g mehlig kochende Kartoffeln
120 g Mehl
20 g Butter
20 g Grieß
1 Ei
Salz

Für die Butterbrösel

100 g Butter
100 g Brösel

Zubereitung

Die Kartoffeln kochen, schälen und passieren, dann mit Mehl, Butter, Grieß, Ei und Salz rasch zu einem glatten Kartoffelteig verarbeiten. Aus dem Teig eine dünne Rolle formen. Davon kleine Stücke schneiden und diese in wenig Mehl zu kleinen, länglichen Nudeln rollen. Diese Nudeln in kochendes Salzwasser geben und bei vorsichtigem Umrühren 3 bis 5 Minuten kochen. Brösel in der Butter anrösten. Nudeln abseihen und in den Butterbröseln wälzen.

Der Küchen Tipp

Zu Schupfnudeln passt besonders gut Sauerkraut – gerade im Winter ein Gericht, das reich an Vitamin C ist.

Bayerischer Kartoffeleintopf

Zutaten

1 kg Kartoffeln
500 g durchzogener Speck
250 g Zwiebeln
1 TL Paprikapulver edelsüß
Salz
250 ml Rindsbrühe
1 Blatt Liebstöckel
1/2 Bund Basilikum
2 EL Mehl
125 ml Crème fraîche
etwas Petersilie zum Garnieren

Zubereitung

Kartoffeln schälen und in große Würfel schneiden. Speck würfeln und zerlassen. Zwiebeln feinwürfelig schneiden und im heißen Speckschmalz anlaufen lassen. Kartoffeln, Paprikapulver und Salz dazugeben, mit der Rindsbrühe aufgießen. Liebstöckel und Basilikum fein hacken und beimengen, zugedeckt 25 Minuten langsam kochen lassen. Mehl und Crème fraîche verrühren und kurz vor Ende der Garzeit unterrühren. Den Eintopf mit gehackter Petersilie bestreuen und servieren.

Gefüllte Bratkartoffeln

Zutaten

10 mittelgroße,
fest kochende Kartoffeln
etwas Butter

Für die Fülle

1 Zwiebel
150 g Butter
100 g Champignons
200 g Schinkenstreifen oder
Speckwürfel
100 g Käsewürfel
Salz, Pfeffer
Majoran

Zubereitung

Die ganzen Kartoffeln mit der Schale ca. 50 Minuten bei 220 °C in etwas Butter braten, dann halbieren und mit einem Löffel zu drei Viertel aushöhlen.

Für die Fülle die fein gehackte Zwiebel in Butter anrösten und die blättrig geschnittenen Champignons leicht anlaufen lassen. Mit Schinken oder Speck und Käse sowie der Kartoffelmasse vermischen und würzen. In die ausgehöhlten Kartoffeln füllen, mit Butterflocken bestreuen und im Backofen 10 Minuten bei 220 °C überbacken.

Der Küchen Tipp

Das Bratkartoffelverhältnis sicherte mancher Witwe das Überleben – und dem Mann an ihrer Seite eine Mahlzeit wie zuhause bei Muttern.

Rotweinkartoffeln

Zutaten

800 g fest kochende Kartoffeln
1 Thymianzweig
500 ml Rotwein
30 g Butter
30 g Mehl
2 EL Crème fraîche
Salz, Pfeffer

Zubereitung

Die Kartoffeln schälen und vierteln. Mit Thymian, Salz und Pfeffer würzen, in Rotwein weich kochen und abseihen. Butter zergehen lassen, Mehl anschwitzen und mit etwas Rotwein unter ständigem Rühren aufgießen. Mit Crème fraîche verfeinern und die Sauce über die Kartoffeln gießen. Nochmals kurz aufkochen und abschmecken.

Der Küchen Tipp

Rotweinkartoffeln passen als Beilage zu vielen Gerichten und sind eine schmackhafte Alternative zu Salzkartoffeln.

Kartoffelstrudel mit Pilzen

Zutaten

200 g Mehl
1 EL Öl
1 Prise Salz
ca. 75 ml lauwarmes Wasser

Für die Fülle

300 g fest kochende Kartoffeln
1 große Zwiebel
250 g Pilze nach Belieben
4 EL Butter
Salz, Pfeffer
Petersilie und Schnittlauch zum Würzen
Öl zum Bestreichen

Zubereitung

Mehl, Öl, Salz und Wasser werden mit den Knethaken des Handrührers und dann mit der Hand zu einem Teig verknetet. Der Teig soll vor dem Ausrollen ca. 30 Minuten rasten. Die Kartoffeln waschen, schälen und kochen, dann kleinwürfelig schneiden und mit der fein gehackten Zwiebel und den geputzten Pilzen in Butter anbraten. Mit Salz, Pfeffer, Petersilie und Schnittlauch würzen. Den Strudelteig ausziehen und die Fülle auf zwei Drittel des Teiges verteilen. Das Ganze einrollen und mit Öl bestreichen. Im Backofen bei 190 °C auf mittlerer Schiene etwa 40 Minuten backen.

Der Küchen Tipp

Statt der Pilze kann man auch Gemüse nach Belieben nehmen – z. B. Karotten oder Spinat.

Kartoffelpizza

Zutaten

400 g Mehl
1 Päckchen Trockengerm
6 EL Olivenöl
Salz

Für den Belag

500 g Kartoffeln
2 Tomaten
1 Stange Porree
200 g Bauchspeck
Rosmarin nach Belieben
gemahlener oder ganzer Kümmel
Parmesan

Zubereitung

Mehl und Trockengerm vermengen. In die Mitte eine Vertiefung machen und das Olivenöl dazugeben. Durchkneten, bis ein fester Teig entstanden ist. Etwa 30 Minuten an einer warmen Stelle rasten lassen. Mit einem Nudelholz ausrollen und auf ein eingefettetes Backblech legen (alternativ das Blech mit Backpapier auslegen).

Kartoffeln schälen, kochen und in Scheiben schneiden. Nun den Pizzateig mit Kartoffelscheiben, Tomaten sowie Porree und grob gewürfeltem Bauchspeck belegen. Mit Rosmarin und Kümmel würzen und mit Parmesan bestreuen. Im vorgeheizten Backofen bei 200 °C auf mittlerer Schiene etwa 30 Minuten backen.

Putenschnitzel mit Kartoffelkruste

Zutaten

4 Putenschnitzel
Salz, Pfeffer
Öl zum Anbraten

Für die Kruste

300 g Kartoffeln
1 TL Zitronensaft
1 Ei
Salz, Pfeffer
Muskatnuss
50 g geriebener Käse

Zubereitung

Putenschnitzel salzen und pfeffern und in Öl anbraten. Die rohen Kartoffeln reiben und mit Zitronensaft, Ei, den Gewürzen und dem Käse vermischen. Die Schnitzel damit bestreichen. Im vorgeheizten Backofen bei 180 °C auf mittlerer Schiene etwa 30 bis 40 Minuten überbacken.

Der Küchen Tipp

Zu den Putenschnitzeln passt ein leichtes Sommergemüse – genauso gut schmecken sie aber mit frischem Salat.

Jägerauflauf

Zutaten

750 g fest kochende Kartoffeln
400 g Faschiertes
1 EL Öl
Salz, Pfeffer
Knoblauch
Thymian

Für den Überguss

1 Becher Crème fraîche
125 ml Milch
2 Eier
Salz, Pfeffer
Knoblauch, Thymian

Zubereitung

Die Kartoffeln waschen, schälen und dünnblättrig schneiden. Die Hälfte davon in eine gebutterte Auflaufform schichten. Das Faschierte in Öl rösten, bis es grau ist. Mit Salz, Pfeffer und Knoblauch würzen und auf den Kartoffeln verteilen. Die restlichen Kartoffeln darüber geben und etwas andrücken.

Für den Überguss Crème fraîche, Milch und die beiden Eier verquirlen, mit Salz, Pfeffer, Knoblauch und Thymian abschmecken. Den Überguss über den Auflauf gießen. Im Backofen etwa 70 Minuten bei 180 °C backen. Mit grünem Salat servieren.

Der Küchen Tipp

Zum Jägerauflauf passt ein grüner Salat am besten.

Kartoffelpfanne auf Winzerart

Zutaten

1 kg fest kochende Kartoffeln
4–5 mittelgroße Zwiebeln
50 g Butter
Salz, Pfeffer aus der Mühle
250 ml Weißwein

Zubereitung

Die Kartoffeln schälen, waschen und in Streifen schneiden. Die Zwiebeln würfelig schneiden und zusammen mit den Kartoffelscheiben in zerlassener Butter anbraten. Mit Salz und Pfeffer würzen. Nach und nach Weißwein dazugießen und alles gar dünsten lassen. Am Ende der Garzeit (ca. 25 Minuten) sollte kaum mehr Flüssigkeit vorhanden sein.

Der Küchen Tipp

Die Kartoffelpfanne ist gerade in Weingegenden ein beliebtes Gericht. Und deshalb sollte sie auch mit einem schmackhaften Weißwein serviert werden.

Kartoffelpfanne mit Lamm

Zutaten

400 g Lammfleisch
1 l Gemüsebrühe
800 g fest kochende Kartoffeln
1 große Zwiebel
40 g Butter
Kümmel, Majoran
1 Bund Petersilie
Salz, Pfeffer aus der Mühle

Zubereitung

Das Lammfleisch am Stück in der Gemüsebrühe etwa eine Stunde weich kochen, anschließend in Streifen schneiden. In der Zwischenzeit die Kartoffeln kochen, schälen und in Scheiben schneiden. Die Zwiebel in Ringe schneiden, die Butter in der Pfanne erhitzen und die Zwiebelringe darin andünsten. Kartoffeln dazugeben und unter mehrmaligem Wenden rösten. Fleischstreifen dazugeben und kurz mitanbraten. Mit Kümmel, Majoran und fein gehackter Petersilie kräftig abschmecken.

Der Küchen Tipp

Besonders lecker schmeckt zu diesem Gericht ein frischer Krautsalat.

Irish Stew

Zutaten
750 g Weißkohl
6 fest kochende Kartoffeln
500 g Lammschulter
Öl zum Braten
1 TL gemahlener Kümmel
Salz
weißer Pfeffer aus der Mühle
1 Lorbeerblatt
2 Nelken
1 Zwiebel
1 Knoblauchzehe
500 ml Wasser
Petersilie zum Garnieren

Zubereitung

Den Weißkohl in grobe Streifen schneiden, die Rippen entfernen. Die Kartoffeln schälen, waschen und vierteln. Das Fett vom Lammfleisch abtrennen, das Fleisch in große Würfel schneiden und in einem mittelhohen Topf goldgelb rösten. Schichtweise Weißkohlstreifen und Fleischwürfel auf die Kartoffelstücke geben. Weißkohl jeweils mit Kümmel bestreuen, salzen und pfeffern. Fleischstückchen mit Lorbeer, Nelken, der fein gehackten Zwiebel und dem geriebenen Knoblauch bestreuen. Dann den Topf mit Wasser auffüllen und das Stew etwa 45 Minuten bei geschlossenem Deckel auf kleiner Flamme gar kochen – nicht umrühren! Sehr heiß mit gehackter Petersilie garniert servieren.

Kartoffel-Lasagne

Zutaten

800 g fest kochende Kartoffeln
500 g Faschiertes
1 große Zwiebel
2 Knoblauchzehen
5 EL Öl
250 ml Tomatenmark
Oregano, Petersilie
Salz, Pfeffer

Für die Béchamelsauce

30 g Mehl
30 g Butter
500 ml Milch
Salz, Pfeffer
Muskatnuss

Zubereitung

Die Kartoffeln kochen, schälen und in 1 cm dicke Scheiben schneiden. Das Faschierte mit der fein gehackten Zwiebel und den zerdrückten Knoblauchzehen in Öl anbraten. Oregano und Petersilie fein hacken und mit dem Tomatenmark unter das Faschierte mischen. Mit Salz und Pfeffer würzen.

Für die Béchamelsauce Mehl in Butter anschwitzen, mit Milch aufgießen und fortlaufend rühren, bis die Sauce eine dickliche Konsistenz erhält. Mit Salz, Pfeffer und Muskatnuss abschmecken. In eine gebutterte Auflaufform abwechselnd Kartoffelscheiben und Fleischsauce schichten. Die oberste Lage schließt mit Kartoffeln ab. Das Ganze mit Béchamelsauce übergießen und im Backofen bei 180 °C auf mittlerer Schiene ca. 20 Minuten backen.

Schweizer Raclette

Zutaten

250 g Raclettekäse,
in Scheiben geschnitten
800 g Pellkartoffeln
Knoblauch
Salz
Pfeffer aus der Mühle

Zubereitung

Dieses Bauern- oder Hirtengericht stammt aus dem schweizerischen Kanton Wallis. Man steckte ein Stückchen Bergkäse auf einen Spieß und erhitzte diesen am Feuer, bis der Käse butterweich war. Sobald die oberste Schicht des Käses schmolz, wurde diese mit einem entsprechenden Spachtel, dem so genannten Raclettemesser, auf einen Teller geschabt.

Heute nimmt man stattdessen einen Racletteofen. Der Käse wird in die Pfännchen gelegt und diese in den vorgeheizten Racletteofen geschoben. Raclette schmeckt sehr gut zu Pellkartoffeln, man kann den würzigen Käse aber auch gut zu einem kräftigen Bauernbrot genießen.

Für Raclette mit Mozzarella den Käse mit hauchdünnen Knoblauchscheibchen belegen, leicht salzen und mit frisch gemahlenem schwarzem Pfeffer bestreuen.

Andalusische Kartoffelpfanne

Zutaten

1 kg fest kochende Kartoffeln
75 g durchwachsener Speck
1 Zwiebel
1 Knoblauchzehe
Salz
10 grüne Oliven
je 1/2 rote und grüne Paprikaschote
3 Tomaten
5 Eier
Pfeffer aus der Mühle
Paprika edelsüß
grüne oder schwarze Oliven zum Garnieren

Zubereitung

Die Kartoffeln schälen, waschen und in Streifen schneiden. Speck und Zwiebel würfelig schneiden und in einer Pfanne gelbbraun rösten. Knoblauch fein hacken und im Speckfett glasig werden lassen. Die Kartoffelscheiben dazugeben und leicht salzen, zunächst zugedeckt und dann in offener Pfanne etwa 10 Minuten anbraten. Die Oliven in feine Scheiben schneiden, die Paprikahälften halbieren, entstielen und entkernen, waschen und fein würfeln. Tomaten ebenfalls waschen, entstielen und in kleine Stücke schneiden. Alles in die Pfanne zu den Kartoffeln geben und etwa 5 Minuten braten lassen. Die Eier mit Pfeffer und Paprika verrühren, über die Kartoffelpfanne geben und stocken lassen. Dann alles auf eine vorgewärmte Platte geben und mit Oliven garnieren.

Der Küchen Tipp

Zur andalusischen Kartoffelpfanne wird gemischter Salat gereicht.

BEILAGEN

Dreierlei Kartoffelpüree

Zutaten

1 kg mehlig kochende Kartoffeln
ca. 250 ml Milch
40 g Butter
Salz
120 g Spinat
2 EL Tomatenmark
2 Knoblauchzehen

Zubereitung

Die Kartoffeln schälen und kochen, noch heiß durch die Kartoffelpresse drücken.

Butter in warmer Milch zerlassen und mit den gepressten Kartoffeln vermischen. Mit Salz würzen. Kartoffelmasse dritteln. Ein Drittel mit Tomatenmark und ein Drittel mit passiertem Spinat färben. Den fein gehackten Knoblauch unter das verbleibende Drittel mischen. Bis zum Anrichten warm stellen.

Purée de Marie-Reine

Zutaten

8 große, mehlig kochende Kartoffeln
1 große Zwiebel
1–2 Lorbeerblätter
100 g Butter
200 g Crème fraîche
Gewürze nach Belieben

Zubereitung

Die Kartoffeln im Ganzen mit den großen Zwiebelstücken und dem Lorbeer in Salzwasser kochen. Den Lorbeer entfernen und die Kartoffeln und Zwiebeln passieren. Butter dazugeben und gut umrühren, mit Crème fraîche gut vermischen. Mit Gewürzen nach Belieben den Geschmack verbessern.

Klassische Bratkartoffeln

Zutaten

750 g fest kochende Kartoffeln
Salzwasser
Öl für die Pfanne oder gewürfelter Speck nach Geschmack
1–2 Zwiebeln
Salz, Pfeffer aus der Mühle
Kräuter nach Belieben

Zubereitung

Die Kartoffeln kochen und dann schälen (pellen). In gleich dicke, etwa 0,5 cm breite Scheiben schneiden oder würfeln. 2 EL Öl oder durchwachsene Speckwürfel in einer großen Pfanne erhitzen. Bei mittlerer Hitze werden die Kartoffeln 8 bis 10 Minuten gebraten – dann erst wenden! Ein bis zwei Zwiebeln in Ringe schneiden oder würfeln, dazugeben und mitbraten, bis sie goldbraun geworden sind. Mit Salz, Pfeffer und fein gehackten Kräutern würzen.

Der Küchen Tipp

Dieses deftige Gericht eignet sich hervorragend als Beilage zu Fisch- oder Fleischgerichten. Wer will, kann Speck und Zwiebeln weglassen – das ist gut für die schlanke Linie.

Kartoffelkroketten

Zutaten
500 g mehlig kochende Kartoffeln
Salz
3 Eidotter
20 g Butter
1 ganzes Ei
2 EL Mehl
4 EL Brösel
3 l Frittierfett oder -öl

Zubereitung

Die Kartoffeln schälen, in Salzwasser kochen, durchpressen und die Masse mit Eidotter und Butter verrühren. Dann kleine Rollen (etwa 5 cm lang, 2 cm dick) formen. Das ganze Ei verquirlen und die Röllchen in Mehl, dann im Ei und schließlich in Brösel wenden.

Das Fett oder Öl in der Fritteuse auf 180 °C erhitzen und die Kroketten darin etwa 10 Minuten goldgelb frittieren. Auf Küchenpapier abtropfen lassen und dann servieren.

Kartoffelknödel

Zutaten

500 g Kartoffeln
100 g Kartoffelmehl
30 g Grieß
Salz

Zubereitung

Kartoffeln mit der Schale kochen, noch heiß schälen und gut ausdampfen lassen. Kartoffeln dann passieren und nach und nach mit Kartoffelmehl, Grieß und Salz vermischen. Aus dem weichen Teig Knödel formen. Salzwasser zum Kochen bringen. Die Hitze herunterschalten und die Knödel hineingeben, ca. 15 Minuten garen lassen. Mit einer Schaumkelle herausheben und servieren.

Der Küchen Tipp

Kartoffelknödel passen gut zu allen Fleischgerichten – als Gemüse wird traditionell Rotkraut gereicht.

Pommes frites

Zutaten

1 kg fest kochende Kartoffeln
3 l Frittierfett oder -öl
Salz

Zubereitung

Die Kartoffeln schälen und zuerst in Scheiben und dann in Stäbchen schneiden (alternativ in Streichholzform, Waffelform etc.), waschen und sorgfältig abtrocknen. Dann portionsweise in einen Topf mit heißem Fett (180 °C) oder in die Fritteuse geben. Etwa 3 Minuten frittieren, dann herausnehmen, auf Küchenpapier abtropfen und abkühlen lassen. Die vorfrittierten Kartoffeln dann in heißem Fett oder Öl etwa 2 Minuten backen.

Der Küchen Tipp

Selbst gemachte Pommes frites sollte man erst kurz vor dem Essen salzen, sonst werden sie weich!

Pommes Chips

Zutaten

1 kg fest kochende Kartoffeln
3 l Frittierfett oder -öl
Salz

Zubereitung

Die Kartoffeln schälen, waschen und in hauchdünne Scheibchen hobeln. Die Kartoffelscheibchen unter fließendem Wasser so lange waschen, bis das Wasser klar bleibt, und dann mit Küchenpapier trocknen. Die Scheibchen in der Fritteuse bei 180 °C etwa 4 Minuten im Öl frittieren, auf Küchenpapier abtropfen lassen und salzen. Sofort servieren!

Herdöpflspätzle

Zutaten

300 g fest kochende Kartoffeln
200 g Mehl
1 Ei
1 Eidotter
125 ml Milch
Salz, Muskat

Zubereitung

Die rohen Kartoffeln fein aufreißen und gut ausdrücken. Mit dem Mehl, dem Ei, dem Eidotter und der Milch zu einem Spätzleteig abschlagen. Den Teig mit Salz und Muskat abschmecken. Mit einem Spätzlehobel (oder, falls nicht vorhanden, einem Sieb) Spätzle in kochendes Salzwasser einkochen. Schon nach wenigen Minuten sind die Spätzle fertig – man erkennt es daran, dass sie an die Wasseroberfläche kommen. Mit einem Schaumlöffel aus dem Wasser nehmen und abtropfen lassen.

Der Küchen Tipp

Diese Spätzle passen gut zu Geschnetzeltem, Ragout oder Gulasch.

Kartoffelnockerln

Zutaten
750 g mehlig kochende Kartoffeln
150 g Mehl
30 g Grieß
2 Eier
Salz
Butter zum Schwenken

Zubereitung

Die Kartoffeln kochen, schälen und passieren. Mit Mehl, Grieß und den Eiern rasch zu einem Teig vermengen, etwas Salz dazugeben und daraus eine daumendicke Rolle formen. Damit der Teig nicht anklebt, nimmt man am besten ein bemehltes Brett. 3 cm lange Stücke abschneiden, in Salzwasser 6 Minuten kochen, abseihen und mit kaltem Wasser abschrecken. In heißer Butter schwenken.

Der Küchen Tipp

Kartoffelnockerln schmecken auch sehr gut mit Zimt, Mohn oder Zucker bestreut und mit Kompott als süße Hauptspeise.

Kartoffelgratin

Zutaten

1 kg fest kochende Kartoffeln
Salz, Muskat, weißer Pfeffer
1 Knoblauchzehe
125 ml Obers
250 ml Milch
100 g geriebener Käse

Zubereitung

Kartoffeln schälen und in sehr dünne Scheiben schneiden. In eine gefettete Auflaufform geben, mit Salz, Muskat und Pfeffer würzen, die fein gehackte Knoblauchzehe dazugeben und mit Milch und Obers übergießen. Mit dem geriebenen Käse bestreuen und im vorgeheizten Backofen bei 190 °C ca. 50 Minuten überbacken.

Der Küchen Tipp

Diese Beilage passt sehr gut zu Lamm- und Rindsbraten oder zu gegrilltem Fleisch.

KARTOFFEL

Folienkartoffeln

Zutaten
4 große, mehlig kochende Kartoffeln
4 TL Öl
Alufolie

Zubereitung
Kartoffeln gründlich waschen und abbürsten und mit einer Gabel mehrmals einstechen. Die Alufolie mit Öl bestreichen und die Kartoffeln einzeln darin einwickeln. Die eingepackten Kartoffeln auf einem Rost im Backofen bei 200 °C auf mittlerer Schiene etwa 90 Minuten backen.

Der Küchen Tipp

Besonders pikant schmecken die Kartoffeln, wenn Sie in die Folie je noch einen Zweig Thymian und Rosmarin geben. Dazu passt am besten Kräutertopfen.

Provenzalische Kartoffeln

Zutaten

500 g fest kochende Kartoffeln
6 EL Olivenöl
50 g Butter
3 Salbeizweige
3 Majoranzweige
Salz
2–3 Knoblauchzehen
2 KL Zucker

Zubereitung

Kartoffeln möglichst nicht schälen, nur waschen und sauber bürsten. Dann mit Küchenpapier gründlich abtrocknen und blättrig schneiden. Olivenöl in einer Pfanne erhitzen. Kartoffeln unter ständigem Wenden kräftig anbraten, Hitze reduzieren. Butter, Salz, Salbei und Majoran, dann die zerdrückten Knoblauchzehen hinzufügen und alles gut verrühren.

Unter ständigem Wenden der Kartoffeln und Schütteln der Pfanne die Kartoffeln goldbraun braten, bis sich die Gabel weich hineinstechen lässt. Zucker über die Kartoffeln streuen und karamellisieren lassen. Zum Schluss mit Salz abschmecken und sehr heiß servieren.

Der Küchen Tipp

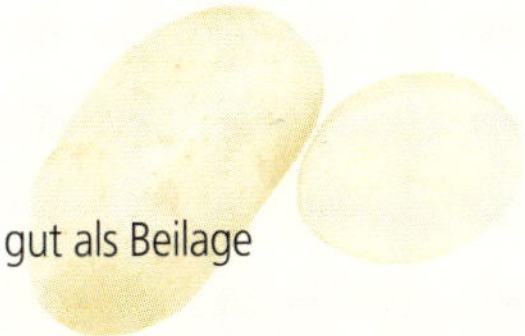

Diese Kartoffeln eignen sich gut als Beilage zu gegrilltem Fleisch.

Französischer Kartoffelkuchen La Crique

Zutaten

600 g mittelspäte, feste Speisekartoffeln (z. B. Bintje)
2 Eier
1 Bund Petersilie
Pfeffer
100 g geriebener Käse
etwas Mehl
Salz, etwas Zucker
Wasser
3–4 EL Olivenöl

Zubereitung

Die Crique ist ein französischer Blechkuchen aus geraspelten Kartoffeln. Die Kartoffeln raspeln, die beiden Eier mit einer Gabel schlagen (wie bei einer Omelette), die Petersilie hacken und dazugeben, mit Pfeffer würzen. Alle Zutaten miteinander vermengen und auf ein Backblech geben. Mit einem Pinsel einölen und bei ca. 140 °C auf beiden Seiten bis zum Anbräunen backen. Zum Schluss in Portionen schneiden und servieren.

Der Küchen Tipp

Wer es pikanter mag, kann eine Zwiebel in Ringe schneiden und zu der Kartoffel-Käse-Masse geben.

Bombine ou Flequo

Zutaten

1 kg fest kochende Kartoffeln,
z. B. Charlotte oder ähnliche Sorten
2 große Zwiebeln
1–2 Knoblauchzehen
1 Bund Lauch
200 g Speck
2–3 Lorbeerblätter, Thymian
Salz und Pfeffer
Olivenöl, Butter

Zubereitung

Die Kartoffeln gut waschen, schälen und in dünne Scheiben schneiden. Nochmals waschen, in eine gusseiserne Kasserolle geben und zudecken. Zwiebeln fein hacken und zu den Kartoffeln geben, die Knoblauchzehen fein hacken und dazugeben. Lauch in Scheiben, Speck in kleine Würfel schneiden und beides in die Kasserolle geben. Mit 2 oder 3 Lorbeerblättern und einer Prise Thymian würzen, salzen und pfeffern. Alles in die Kasserolle geben und mit Wasser und einem Schuss Olivenöl überdecken. Ein Stückchen Butter dazugeben und eine Stunde kochen lassen. Vorsichtig im Ofen gratinieren, herausnehmen und servieren.

DESSERTS

Böhmischer Kartoffelstrudel

Zutaten

200 g Mehl
1 Ei
50 g zerlassene Butter
Salz
etwas Milch

Für die Fülle

300 g mehlig kochende Kartoffeln
60 g Butter
2 Eier
150 g Kristallzucker
1 Päckchen Vanillezucker
1/2 TL Backpulver
evtl. 80 g Vanillepuddingpulver

Zubereitung

Mehl, Ei, zerlassene Butter, Salz und etwas Milch werden mit den Knethaken des Handrührers und dann mit der Hand zu einem Teig verknetet. Der Teig soll vor dem Ausrollen ca. 30 Minuten rasten. Die Kartoffeln kochen, schälen und in dünne Scheiben schneiden und zerdrücken.

Für die Fülle Eier trennen. Die zerlassene Butter, Eidotter, Zucker, Vanillezucker und Backpulver gut verrühren. Das Eiklar zu Eischnee schlagen und unterheben (wenn die Masse zu weich ist, Vanillepuddingpulver dazugeben). Den Teig ausrollen, die Fülle darauf verteilen und den Teig einrollen. Mit einer Gabel an mehreren Stellen einstechen und etwa eine Stunde auf der mittleren Schiene bei 180 °C backen.

Der Küchen Tipp

Der Kartoffelstrudel schmeckt besonders gut zu Kaffee.

Kartoffelstrudel mit Mohn

Zutaten

500 g fest kochende Kartoffeln (gekocht)
180 g Mehl
80 g Maisstärkepulver
1 Ei
etwas Vanillezucker
1 Prise Salz

Für die Fülle

125 ml Milch
200 g Mohn
100 g Zucker
Schale einer unbehandelten Zitrone
Zimt
1 Ei zum Bestreichen

Zubereitung

Am besten die Kartoffeln schon am Vortag kochen. Dann die Kartoffeln zerdrücken oder fein reiben. Mit dem Mehl, dem Maisstärkepulver und dem Ei zu einem festen Teig vermengen. Mit Vanillezucker und etwas Salz würzen. Den Kartoffelteig mit einem Nudelholz ausrollen. Für die Fülle Milch erhitzen, Mohn, Zucker, Zitronenschale und Zimt untermengen. Die Fülle auf dem Teig verteilen und locker einrollen. Mit Ei bestreichen und bei 190 °C auf mittlerer Schiene ca. 40 Minuten backen.

Der Küchen Tipp

Statt der Mohnfüllung können Sie auch Pflaumenmus nehmen und die traditionellen Powidltascherln backen.

Kartoffelstrudel mit Vanillesauce

Zutaten

250 g glattes Mehl
125 ml Wasser
1 EL Öl
evtl. 1 Ei

Für die Fülle

300 g mehlig kochende Kartoffeln
3 Eier
80 g Staubzucker
50 g Butter
Saft und Schale einer unbehandelten Zitrone
125 ml Obers
40 g Brösel
40 g geriebene Nüsse oder Mandeln

Für die Vanillesauce

500 ml Milch
80 g Kristallzucker
30 g Vanillepuddingpulver
1 Päckchen Vanillezucker
1 EL Rum

Zubereitung

Aus Mehl, Wasser, Öl und eventuell einem Ei einen Strudelteig bereiten und rasten lassen (siehe S. 113 – Rezept für den Strudelteig). Für die Fülle Kartoffeln kochen und pressen. Eier trennen. Butter, Zucker und Eidotter miteinander verrühren, die vorbereiteten Kartoffeln, Saft und Schale einer unbehandelten Zitrone, Obers, Brösel und Mandeln vermengen und den Eischnee unterheben. Die Fülle auf den ausgezogenen Strudelteig geben, einrollen und bei 220 °C ca. 40 Minuten backen.

Für die Vanillesauce Milch und Zucker aufkochen, Vanillepuddingpulver und Vanillezucker in etwas kalter Milch auflösen. Unter ständigem Umrühren einkochen, vom Herd nehmen und mit dem Kartoffelstrudel anrichten.

Nusskipferln

Zutaten
500 g Kartoffeln
150 g Kartoffelmehl
1 Ei
1 Prise Salz
10 g Butter

Für die Fülle
125 ml Milch
300 g Nüsse
100 g Zucker

Zubereitung

Die Kartoffeln kochen, schälen und zerdrücken oder fein reiben. Mit dem Kartoffelmehl, dem Ei und der Butter zu einem festen Teig vermengen und mit etwas Salz würzen. Den Kartoffelteig mit einem Nudelholz ausrollen. Für die Fülle Milch erhitzen und Nüsse und Zucker untermengen. Aus dem Teig längliche Dreiecke ausschneiden (ca. 10 x 20 cm) und die Nussfülle darauf verteilen. Dreiecke zu den Spitzen hin einrollen, leicht biegen und im Backofen bei 200 °C ca. 20 Minuten auf mittlerer Schiene backen.

Gebackene Zwetschkenknödel

Zutaten (16–20 Stück)
1 kg mehlig kochende Kartoffeln
1 Ei
30 g Grieß
250–300 g Mehl
1 Prise Salz
16–20 Zwetschken
100 g Butter
75 g Brösel
Zimt, Zucker

Zubereitung

Die Kartoffeln waschen und mit der Schale 20 bis 30 Minuten kochen. Wasser abgießen, Kartoffeln ausdämpfen lassen, aber noch heiß schälen und sofort pressen. Zusammen mit Ei, Grieß und Weizenmehl einen Teig bereiten, diesen mit etwas Salz abschmecken und daraus runde Plätzchen formen. Die Zwetschken entkernen, auf jedes Plätzchen eine Zwetschke drücken und mit Teig vollständig umwickeln.

Die Knödel ins heiße Salzwasser geben, aufwallen und 10 bis 15 Minuten kochen lassen. Inzwischen die Butter in einer Pfanne zerlassen und die Brösel darin bräunen. Die Zwetschkenknödel kurz vor dem Servieren in den Bröseln wälzen. Mit Zimt und Zucker servieren.

Süßer Kartoffelpudding

Zutaten

200 g Kartoffeln
2 Eier
60 g Zucker
250 ml Milch
125 ml Obers
1 TL Schale einer unbehandelten Zitrone
1 TL Vanillezucker
1 Prise Zimt
Muskatnuss

Zubereitung

Die Kartoffeln kochen und schälen, dann zerdrücken oder reiben. Eier, Zucker, Milch, Obers, Zitronenschale und Vanillezucker schaumig schlagen, die Kartoffeln untermengen und die Masse in eine gebutterte, mit Bröseln bestreute Auflaufform füllen. Mit Zimt und Muskatnuss bestreuen und die Auflaufform in ein tiefes Backblech stellen, das bis zur Hälfte mit Wasser gefüllt ist. Im Backofen bei 170 °C etwa 50 Minuten auf mittlerer Schiene backen. Wenn man in den Pudding hineinsticht, darf nichts mehr hängen bleiben.

Kartoffelmarmelade

Zutaten
400 g mehlig kochende Kartoffeln
300 ml Weißwein
100 g Zucker
150 g Rhabarber
2 EL Honig
2 TL Ingwer
1 Prise Cayennepfeffer

Zubereitung

Die Kartoffeln waschen und kochen. Noch warm schälen und passieren. Weißwein mit Zucker, Honig und dem klein geschnittenen Rhabarber aufkochen. Kartoffeln untermischen und kurz aufkochen. Mit Ingwer und Cayennepfeffer abschmecken.

Der Küchen Tipp

Wenn keine Rhabarberzeit ist, gelingt dieses Rezept auch mit Äpfeln. Wählen Sie dann eine eher säuerliche Sorte.

Kartoffeltorte

Zutaten
- *250 g Kartoffeln*
- *6 Eier*
- *250 g Zucker*
- *75 g Grieß*
- *1 EL Kakao*
- *120 g geriebene Nüsse*
- *1 Päckchen Backpulver*
- *Schokoladenglasur*

Zubereitung

Kartoffeln waschen, kochen und sehr fein reiben. Eier trennen, Eiklar zu Eischnee schlagen und die Hälfte des Zuckers untermengen. Eidotter und restlichen Zucker schaumig rühren. Mit Grieß, Kakao und den geriebenen Kartoffeln vermengen. Eischnee unterheben und die Masse in eine gebutterte, bemehlte Tortenform füllen. Im Backofen bei 180 °C etwa 60 Minuten auf mittlerer Schiene backen und nach dem Auskühlen mit Schokoladenglasur verzieren.

Der Küchen Tipp

Statt der Schokoladenglasur können Sie auch eine Puderzuckerglasur wählen.

Anhang

Abkürzungen

EL	=	Esslöffel (gestrichen)
TL	=	Teelöffel (gestrichen)
Msp.	=	Messerspitze
l	=	Liter
ml	=	Milliliter
cl	=	Zentiliter
kg	=	Kilogramm
g	=	Gramm
ca.	=	circa
Min.	=	Minute(n)
Std.	=	Stunde(n)
°C	=	Grad Celsius
cm	=	Zentimeter

Maßeinheiten

Gewichtsmaße

1 kg	=	1000 g	=	100 dag
3/4 kg	=	750 g	=	75 dag
1/2 kg	=	500 g	=	50 dag
1/4 kg	=	250 g	=	25 dag
1/8 kg	=	125 g	=	12,5 dag
		10 g	=	1 dag

Hohlmaße

1 l	=	10 dl	=	100 cl
1/2 l	=	5 dl	=	50 cl
1/4 l	=	2,5 dl	=	25 cl
1/8 l	=	1,25 dl	=	12,5 cl
1/16 l	=	0,625 dl	=	6,25 cl

Löffelmaße

1 EL Salz	=	20 g	=	2 dag
1 TL Salz	=	10 g	=	1 dag
1 EL Zucker/Mehl	=	20 g	=	2 dag

Glossar

Eierschwammerl – Pfifferlinge

Eiklar – Eiweiß

Erdäpfel – Kartoffeln

Faschiertes – Hackfleisch

Germ – Hefeteig

Knödel – Klöße

Obers – süße Sahne

Powidltascherln – mit Pflaumenmus gefüllte und in Wasser gekochte flache, halbkreisförmige Speise aus Kartoffelteig

Sauerrahm – saure Sahne

Topfen – Quark

Vogerlsalat – Feldsalat

Zwetschke – Pflaume, Zwetschge

Rezepte von A bis Z

Bildnachweis

Umschlag
Stockfood (Vorderseite),
Bildagentur Waldhäusl (Rückseite)

Alle Bilder von Petra Schmidt, außer:
Stockfood: S. 2
Hans-Peter Rossmanith: S. 8, 10, 11, 12, 13, 14, 17, 18, 19, 20, 24
Wolfgang Redeleit: S. 23, 32, 36

Wir danken der Firma Slama für die freundliche Unterstützung.

Sturzgasse 1a, A-1141 Wien,
E-Mail: buch@avbuch.at, Internet: www.avbuch.at

Die Deutsche Bibliothek verzeichnet diese Publikation in der Deutschen Nationalbiografie, detaillierte bibliografische Daten sind im Internet über http://dnb.de abrufbar.

Projektleitung: Alexandra Mlakar
Gesamtherstellung: Buch & Konzept, Annegret Wehland, München
Layout-Design: Ravenstein und Partner, Verden
Satz: Petra Pawletko, Augsburg
Bildreproduktion: Repro Ludwig, Zell am See
Druck: Westermann, Zwickau

Printed in Germany

ISBN 10: 3-7040-2109-1
ISBN 13: 978-3-7040-2109-0

Literaturempfehlungen

Braudel, F. (1985):
Sozialgeschichte des 15. bis 18. Jahrhunderts.
(= Bd. 1, Der Alltag). Kindler Verlag, München.

Davis, M. (1972):
The Potato Book.
W. Morrow & Co., Inc. New York.

Gerarde, J. (1597):
Herball (Kräuter). J. Norton, London.

Hachfeld, R. et al. (Hrsg.) (1999):
Kartoffel. Kultur, Mythos, Gesundheit, Rezepte.
Umschau Buchverlag.

Hamester, W. & U. Hills (Hrsg.) (2003):
Weltkatalog der Kartoffelsorten. Bucheditions
Agrimedia, Bergen.

Huber, E. & B. Stenger (2003):
Kartoffellust. Die Geschichte einer wunderbaren
Knolle. Ausstellung im Lohrer Schulmuseum 2003
bis 2004. Internet.

Lorey, H. (2001):
Alte Kartoffelsorten im Hausgarten.
Tipps zur Erhaltung und Pflege.
Samensurium 12/2001, Internet.

Österreichisches Lebensmittelbuch (2001):
Codex Richtlinie zur Definition der „Gentechnik-
freiheit", 3. Auflage, Wien.

Pilgram, K. & E. Jandl (1995):
Erdäpfel. Köstliche Gerichte.
Edition Löwenzahn, Innsbruck.

Reiner, H. (2001):
Die Kartoffel. Ernte – Zeitschrift für Ökologie
und Landwirtschaft 3/01.
Arbeitsgemeinschaft Ökologischer Landbau, Linz.

Salaman, R. (1949):
The history and social influence of the potato.
Cambridge University Press, Cambridge.

Sandgruber, R. (1996):
Österreichische Geschichte. Ökonomie und
Politik. Österreichische Wirtschaftsgeschichte
vom Mittelalter bis zur Gegenwart.
Annette Betz Verlag, Wien.

Smith, A. (1776/1904):
An Inquiry into the Nature and Causes of the
Wealth of Nations. Ed. Edwin Cannan.
5. Aufl. Methuen & Co Ltd., London.

Zacker, C. (1999):
Gesund und fit mit Kartoffeln.
Seehamer Verlag, Weyarn.

Zirfas, J. & B. Goffin (1998):
Kartoffel. Eine kleine kulinarische Anthologie.
Reclam, Ditzingen.